Une formation racontée *Comme si vous y étiez*
+
9 BONUS d'outils pratiques pour
Optimiser vos Capacités de synthèse

A Quoi pense
une Professionnelle de la Formation
en train d'animer un Stage ?

Nathalie Decottégnie

Autres ouvrages de l'auteure

Roman : *toi ou la vraie vie* en vente sur www.amazon.

Site / blog de l'auteure : www.etreproactif.com
où figurent de nombreux articles en lien avec son expertise en Savoir être et Savoir-faire proactifs qu'elle diffuse dans le monde francophone.

© Nathalie Decottégnie - Décembre 2014

Collection Formation - Tous droits réservés

Edité par Nathalie Decottégnie
Imprimé par CreateSpace, Etats-Unis

ISBN-13 : 978-1503333611

Remerciements

Aux participants et clients, qu'ils soient Professionnels ou Particuliers :

- Merci de votre confiance ;
- Merci de votre investissement dans votre évolution professionnelle et personnelle et dans celle de vos collaborateurs ;
- Merci de votre engagement à transformer vos vies vers plus de satisfaction et de bien-être ;
- Merci de contribuer ainsi à l'élévation générale vers plus de maîtrise de soi et de conscience collective ;
- Merci de m'offrir l'opportunité de vivre de ma passion : la transmission, la communication, le partage.

Je vous remercie du fond du cœur.

A quoi pense une Professionnelle de la Formation en train d'animer ?

Préambule

Ce récit a fait l'objet d'une parution sur quatre mois en 2014 dans la news *La Mensuelle Être proactif.*

Si vous ne la recevez pas déjà, elle est accessible gratuitement via un abonnement en ligne sur le site www.etreproactif.com. Vous la recevrez ainsi tous les mois.

Si vous êtes abonnés à *La Mensuelle Être proactif* et avez peut-être déjà lu ce récit, vous y trouverez en plus des BONUS d'outils pratiques pour aller plus loin dans vos pratiques.

Ces bonus ont pour objet de nourrir votre intellect qui s'est trouvé titillé à la suite de la lecture de *La Mensuelle,* relatant cette formation *en live – comme si vous y étiez.* Le but est donc de satisfaire votre légitime curiosité et de vous apporter quelques outils opérationnels rapidement.

Table des matières

Autres ouvrages de l'auteure 2

Remerciements 3

Préambule 5

PREMIÈRE PARTIE : LA FORMATION EN DIRECT 9

1er jour / 3 jours 12

    A. Comme un mammifère fait son nid, je m'installe 12
    B. Les participants commencent à arriver 13
    C. Un tour de table par la méthode de la Présentation croisée (de mon invention) 14
    D. J'écoute ce qui est dit et ce qui n'est pas dit… Et qu'est-ce que j'entends ? 15
    E. C'est parti pour une formation *en live (en direct)* 18
    F. Et les émotions dans tout ça ? (quand on aime, on n'compte pas) 27
    G. Je ne m'habitue pas, j'innove constamment 29
    H. Les souvenirs d'une première journée : qu'est-ce qu'il en reste ? 30

2ème jour / 3 jours 32

    I. Etat d'esprit – et son contenu - après une nuit de *travail neuronal* 32
    J. Se relaxer quand on est en pleine forme, est-ce bien sérieux ? 34
    K. L'enrichissement des sources et des têtes ou Comment renforcer sa confiance 36
    L. Mise en mouvement pour ne pas s'endormir (sur ses lauriers ?) . 37

3ème jour / 3 jours 39

    M. La synthèse idéale existe-t-elle ? On peut toujours s'y essayer 39
    N. Savoir se relaxer en toutes occasions, c'est mieux 41
    O. Consolidons nos acquis-amis de peur qu'ils ne se sauvent 42
    P. L'engagement *entre soi et soi* pour intégrer la Synthèse dans notre vie 43
    Q. Les mots de la fin, la fin des mots 43

A quoi pense une Professionnelle de la Formation en train d'animer ?

    R.   Retour chez soi, retour sur soi 44

POUR ALLER PLUS LOIN 47

POUR ALLER PLUS LOIN (bis) 47

DEUXIÈME PARTIE : 49

LES BONUS 49

BONUS 1 : TEST : Êtes-vous plutôt analytique ou synthétique ? 53

    A.   Questionnaire : 53
    B.   Dépouillement : 56
    C.   Interprétation : 58
    D.   Des traits de caractère en fonction des dominances cérébrales ... 59
    E.   La synthèse s'effectue en deux temps 61
    F.   Si vous êtes synthétique 62
    G.   Si vous êtes analytique 63
    H.   Si vous êtes entre les deux (en balance) 63

BONUS 2 : UNE AIDE MÉTHODOLOGIQUE pour synthétiser vos informations 65

    A.   1ère étape : votre cerveau gauche 66
    B.   2ème étape : votre cerveau droit 67
    C.   3ème étape : votre cerveau gauche 68
    D.   4ème étape : votre cerveau droit 70
    E.   5ème étape : méfiez-vous de vous-même ! 70
    F.   6ème étape : lorsque le stress vous gagne 71
    G.   7ème étape : la synthèse 71

BONUS 3 : Le questionnement de Quintilien : C Q Q C O Q P 74

BONUS 4 : Les quatre chemins de la pensée : Les quatre types de raisonnement 78

    A.   Le chemin linéaire ou chronologique 78
    B.   Le chemin thématique ou par aspect 79
    C.   Le chemin binaire 80
    D.   Le chemin dit du « diagnostic médical » 81
    E.   Exemple : problème de communication dans une entreprise 83

A quoi pense une Professionnelle de la Formation en train d'animer ?

BONUS 5 : La respiration complète – relaxation 85
    A.   Voici comment procéder 86
    B.   Quelques difficultés possibles... 88
    C.   L'un des effets bénéfiques que vous ignorez peut-être 89
    D.   Astuce pour aller jusqu'au bout de votre détente........................ 89

BONUS 6 : Les 4 phases de l'apprentissage...90

BONUS 6bis : Pourquoi rester motivé au moins 21 jours d'affilée 91

BONUS 7 : battre en brèche quelques idées reçues à propos des plans 92
    A.   Les idées fausses à propos du plan 93
    B.   Il existe quantité de principes d'ordres pour organiser l'information 94

BONUS 8 : quelques conseils pour votre synthèse orale............................97
    A.   Les critères de toute prise de parole en public.............................. 98
    B.   Votre charisme... 99

BONUS 9 : Bibliographie 101

A propos de l'auteure..103

PREMIÈRE PARTIE :

LA FORMATION EN DIRECT

A quoi pense une Professionnelle de la Formation en train d'animer ?

Dans une entreprise du secteur des hautes technologies cotée au CAC40 (antenne régionale)

Une salle de réunion avec une dizaine de participants rassemblés en vue d'être formés aux **Techniques pour optimiser ses capacités de synthèse.**

Ils se sont inscrits sur le principe du volontariat, utilisent leur DIF (Droit Individuel à la Formation) pour être formés à des contenus qui leur sont proposés via un catalogue interne. Quelques-uns de mes thèmes y sont inscrits (ils ont été retenus l'année précédente) et j'ai donc le plaisir d'aller dans cette belle entreprise, dont la cour d'honneur accueille ses visiteurs avec force drapeaux qui battent au vent.

1ᵉʳ jour / 3 jours

A. Comme un mammifère fait son nid, je m'installe

Je suis en avance (l'un de mes principes) et je prends possession des lieux

La salle est-elle lumineuse ? Je relève les stores. Y fait-il bon ? Je vais trouver quelqu'un qui puisse régler la climatisation. La disposition des tables me convient-elle ? Je les positionne en U (les participants se verront tous et je pourrai circuler au milieu pour aller d'un participant à l'autre en cas de question en aparté). Je retire les tables en trop. Je mets une chaise pour chaque participant, ni plus, ni moins, et suffisamment espacées les unes des autres pour que chacun puisse se sentir à l'aise. Les feutres fonctionnent-ils ? Je vais en chercher d'autre. Sont-ils effaçables ? Important de vérifier avant toute écriture sur le tableau blanc... [J'ai utilisé mon premier tableau blanc (particulièrement grand) pour un *brainstorming*. Nous avions cessé lorsque le tableau était complètement couvert de toutes les idées du groupe. Au moment de vouloir les effacer au fur et à mesure de leur traitement : im-po-ssi-ble. Je venais d'écrire avec un feutre indélébile ! Depuis, je fais attention à ce détail]. Si j'ai des bouteilles d'eau à portée de main, je les dispose à chaque place avec un verre. Je pose une pochette cartonnée pour chaque participant contenant quelques informations pratiques. Je mets au fond de la pièce, autant que faire se peut, tout le matériel dont je n'aurai pas besoin (tablette roulante avec rétroprojecteur, immense écran blanc – jamais de projection PowerPoint ! - Les chaises en trop, les tables en trop...). Si la pièce est petite (ça arrive finalement assez souvent), le couloir se trouve alors encombré et fait désordre (*oups* pour le personnel qui transite par ici) mais ma priorité est que nous soyons bien. En décidant de la disposition de la salle, je m'évite les places vides entre les participants (désagréable lorsque je parle au groupe) et j'organise le U à proximité de la table qui me sert de bureau, fin de voir les gens bien en face et dans les yeux. Ainsi je nous organise un lieu propice à la communication interpersonnelle, à la concentration et à la mise en confiance. Ce qui ne m'empêchera pas de bousculer par la suite cette belle ordonnance afin de continuer à mobiliser leur attention. Nous n'en sommes pas là et comme « nous n'avons pas deux fois l'occasion de faire une première bonne impression » (sic Mc Namara), je mets toutes les chances de mon côté, de *notre* côté.

Au fur et à mesure que je nous organise un environnement favorable, je me projette et je frétille de plaisir.

B. Les participants commencent à arriver

« C'est bien là la formation *Optimiser ses capacités de synthèse* ? » - « oui, bienvenue... (sourire, regard d'attention, petit mot d'accueil) » Je fais attention à bien mémoriser leur nom lorsqu'ils se présentent [exercice difficile à mes débuts. J'ai dû trouver des moyens mnémotechniques pour me rappeler chacun de leur nom dès leur première présentation. C'est tellement agréable d'être reconnu]. Quelques-uns viennent me serrer la main, d'autres prennent place sitôt franchi le seuil. Certains s'installent tranquillement alors que d'autres rentrent en trombe. Ils ont l'iPad sous le bras ou le téléphone portable rivé à l'oreille (j'apprendrais plus tard qu'ils sont en communication avec la Chine ou la Russie). Ils portent des dossiers cartonnés en vrac ou la mallette en cuir à bout de bras. Chacun se donne une contenance. Je les observe, leur souris, et je les laisse trouver leurs marques. Quelques propos anodins s'échangent entre eux, entre nous. Ils prennent la température et s'apprivoisent mutuellement. Comme je les sens en attente, et pour faire venir les retardataires, je leur propose une énigme qu'ils doivent résoudre par des questions fermées (où je ne peux répondre que par « oui » ou par « non »). C'est amusant, c'est hors sujet donc sans conséquences, et il se pourrait même que j'en tire profit dans le courant des trois jours (comme apprendre à sortir du cadre, susciter son imagination). Lorsqu'ils sont tous là (j'ai la feuille d'émargement avec leurs prénom-nom), nous commençons.

Je leur re-souhaite la bienvenue et j'énonce succinctement le déroulement des trois jours, aussi bien sur le plan pédagogique que logistique. Je me présente brièvement avec quelques données professionnelles et personnelles pour qu'ils puissent me situer dans leur décor. Ils ont ainsi la réponse à leurs questions implicites (« Qui est-elle ? D'où vient-elle ? Quelles sont ses qualifications ? Va-t-elle être à la hauteur ? Est-ce que je ne vais pas perdre mon temps avec cette formatrice ? ») Une fois les questions pratiques réglées, une fois qu'ils sont familiarisés avec l'ambiance qui se profile, nous abordons le vif du sujet.

C. Un tour de table par la méthode de la Présentation croisée (de mon invention)

A partir d'une liste de questions, ils se mettent par deux et procèdent à une interview pour répondre à ces questions ludiques et éclairantes. Pendant une dizaine de minutes, ils font ainsi connaissance deux à deux (ils ne se connaissent pas toujours d'un service à l'autre, ou uniquement par le biais des mails). Ensuite l'intervieweur de l'un devient l'interviewé d'un autre – le binôme se dissout pour en former un autre - pendant dix autres minutes, de sorte qu'ils ne présenteront pas la personne qui les a interviewés. Puis chaque participant reprend sa place et est présenté par l'un de ses pairs face au groupe.

La personne qui introduit son collègue devant le groupe est en général plus diserte que si celui-ci se présentait lui-même, et cette parole plus libre m'en apprend bien davantage sur le participant que s'il parlait de lui à la première personne. Je me tourne ensuite vers la personne qui vient d'être présentée et lui demande si elle est d'accord avec ce qui a été restitué de son propos et si elle souhaite compléter. Je lui demande parfois quelques éclaircissements sur ce qu'elle veut vraiment savoir faire à l'issue de la formation.

En même temps qu'ils s'expriment tour à tour, j'observe leurs communications verbales et non verbales, leur niveau de langage, les valeurs partagées (ou non), leurs attentes, leurs appréhensions et leurs exigences. J'écoute activement et je note.

D. J'écoute ce qui est dit et ce qui n'est pas dit... Et qu'est-ce que j'entends ?

J'écoute avec beaucoup d'attention ce qui est dit parce qu'entre les mots – leur contenu manifeste – et l'intention – la vraie demande – il y a parfois une brèche dans laquelle il vaut mieux éviter de s'engouffrer (je tiens à ma réputation d'*excellente* formatrice)

Donc j'écoute.

Les participants disent au groupe plénier :

- Je veux arriver à exposer simplement des informations compliquées ;
- Je veux avoir des méthodes de travail efficaces ;
- Je veux savoir mieux structurer ma pensée, mes communications orales et capter l'attention quand je parle ;
- Je veux savoir rédiger des messages courts et compréhensibles ;
- Je veux acquérir des réflexes, surtout à l'écrit pour la rédaction de mes comptes rendus ;
- Je veux pouvoir exprimer clairement à l'oral mes solutions sans rentrer dans les détails ;
- Je veux gagner en vitesse de travail, ne plus rester dans l'analyse ;
- Je veux une meilleure capacité de synthèse pour gagner du temps ;
- Je veux des outils pour savoir dire de façon synthétique et claire le max d'info possible ;
- Etc.

Beaucoup de vœux exprimés. Je les écoute, tous ces hommes, cadres entre trente et quarante ans. Ils sont responsables d'équipe, managent entre cinq et vingt collaborateurs. Ils sont issus des services Informatique, Qualité, Service Client, SAV, Chef de projet, Supply chain… Certains exercent des fonctions de Président d'association et l'un est Maire de sa ville.

J'entends qu'ils ont tous des responsabilités importantes (en termes de conséquences et d'urgence) mais j'entends surtout ceci :

- Je suis fatigué, je n'y arrive plus ;
- Je n'assure plus comme avant, qu'est-ce qui se passe ?

- Je voudrais pouvoir manager mes gars plus facilement ;
- Je n'arrive pas à m'exprimer, on ne m'écoute pas ;
- je me noie dans les détails et j'angoisse de ne pas y arriver ;
- Je ne peux pas suivre le rythme, comment font mes collègues ?
- Je n'arrive pas à réfléchir aussi vite que je le voudrais ;
- Je ne suis pas comme mes collègues, comment ils font pour rester zen ?
- J'ai de plus en plus d'info à traiter, il me faut d'urgence des techniques sinon je vais être viré.

Et je vois des visages anxieux, des yeux cernés de bistre, des dos voûtés portant le costume-cravate de rigueur, le regard morne, le cheveu mou… Stop !

Ils ont tous fait des études de haut niveau donc ils savent synthétiser l'information. Leurs écoles de commerce ou d'ingénieur leur ont appris les méthodes. Le problème n'est pas là. Quant à moi, même si j'avais prévu que « le problème n'était pas là », je constate qu'il n'est *vraiment* pas là. Je ne vais pas pouvoir leur transmettre des *Techniques pour optimiser leurs capacités de synthèse* comme je l'avais prévu initialement. Ils n'en ont pas l'énergie, c'est évident. Et si je passais outre et faisais le programme tel que je l'ai préparé [même pas en rêve, je n'ai jamais procédé à contre-courant], je serais la goutte d'eau qu'ils passeraient par la fenêtre, saturés qu'ils sont de frustrations et de découragement.

Donc, je vais partir d'eux, de leur état d'être, de leur niveau d'énergie, de leurs *vraies* attentes [en fait, c'est mon principe de base, mais je suis de plus en plus vigilante ces dernières années sur ce point-là, les gens sont devenus tellement inquiets, nerveux, voire agressifs]. Et je vais voir ce que je peux leur apporter de profitable, comment je peux leur redonner foi en eux et en leurs capacités. Car c'est quand même ça l'essentiel : croire en soi, retrouver confiance en soi pour oser agir dans la direction de ses objectifs et les réussir.

Une fois ce tour de table achevé, je leur restitue ce que j'ai entendu et compris de leurs problématiques. Je reformule ce qu'ils ont dit ouvertement et ce qu'ils n'ont pas exprimé clairement. J'explicite leurs craintes de ne pas y arriver compte tenu de leur état énergétique. Car la réussite d'une entreprise dépend de notre niveau d'énergie. Je les rassure quant aux objectifs de formation : je vais tenir compte de Qui ils sont et nous allons cheminer ensemble - à leur rythme - pour atteindre leurs objectifs. Je prends quelques « risques » à dévoiler ainsi leurs non-dits (ils pourraient se sentir mis à nus et se braquer) mais mon intuition fonctionne et quand je suis convaincue…

Je mets donc de côté tout ce que j'avais préparé et je me penche sur eux et leurs vraies préoccupations.

E. C'est parti pour une formation *en live (en direct)*

Ambiance rassurante, participants rassurés

L'ambiance est plus détendue après cette présentation croisée. Ils sont soulagés d'un poids et se sont découvert des affinités (« Ah bon ? Vous faites de la moto ? Vous êtes un biker ? » ; « Vous aussi vous construisez votre maison selon vos plans ? Et vous utilisez quel bois pour votre charpente ? » ; « Tiens, tu fais le Marathon de New York ? J'y suis allé mais je n'ai pas couru »).

Comme je vais rebâtir ma progression pédagogique à partir d'où ils sont et de leurs connaissances actuelles sur le sujet, je leur demande : « d'après vous, ça consiste en quoi une synthèse ? Ça sert à quoi ? » Chacun répond et je note les idées au tableau effaçable sous forme de schéma heuristique. En même temps que j'utilise des « outils de formateur » (comme cette carte mentale ou *mind-map*), je leur montre comment les utiliser pour eux-mêmes par la suite. En fait, dès que j'utilise une technique, je leur explique comment ils peuvent eux-mêmes la mettre en œuvre. Ce qu'ils font en général dans la foulée d'un exercice ou d'un entraînement au cours de la formation.

Une fois les informations répertoriées sous forme de carte mentale, je reprends les idées qui entrent dans le sujet (mon fil conducteur est le programme que l'entreprise a validé et sur lequel ces personnes se sont inscrites), je les remets dans l'ordre en les complétant, sur le tableau-papier pour avoir constamment sous les yeux un schéma aide-mémoire. Je leur explique ce que je fais au fur et à mesure du processus. Le groupe propose, discute, valide. Je sais où les emmener, nous bâtissons ensemble l'ossature de la formation.

La Synthèse est notre amie... Comment peut-elle nous aider ?

Tout d'abord, nous nous assurons de parler de la même chose. Nous obtenons une définition sur laquelle nous tombons d'accord : « La synthèse est une opération intellectuelle par laquelle on réunit en un tout cohérent, structuré et homogène divers éléments de connaissance concernant un domaine particulier (la synthèse est l'opération inverse de l'analyse) ». Je m'appuie sur la définition du Petit Larousse que j'avais préparée en amont pour valider la définition donnée par le groupe.

Mais la synthèse n'est pas qu'une simple « organisation d'informations de sources différentes en un tout cohérent ». Elle doit aussi permettre de faire surgir un éclairage nouveau. La synthèse doit soulever une problématique à laquelle elle répond et qui correspond à l'objectif du rédacteur ou du destinataire.

Le but de la synthèse peut être d'informer, de sensibiliser, de faire comprendre, faire mémoriser ou faire adhérer… le plus souvent en vue d'une prise de décision ou d'une action.

Pour le destinataire, elle doit donc être rapide (oralement), concise, efficace, utile. De son côté, le rédacteur doit éviter la déformation, la distorsion ou l'interprétation de l'information. Il doit aussi éviter la simplification à outrance.

L'analyse et la synthèse sont deux opérations intellectuelles naturelles et complémentaires. De fait, notre esprit pratique ces deux mouvements de va et vient pour appréhender la réalité. Tantôt il descend dans les détails d'une situation pour en prendre la mesure exacte, tantôt il s'en dégage pour la comprendre dans sa globalité. C'est notre façon humaine d'appréhender l'existence. Il n'empêche, cette disposition innée à l'analyse et à la synthèse a besoin d'être entraînée, confortée. Car ce processus de connaissance peut être entravé par de « mauvaises habitudes » ou être simplement encrassé par un manque de pratique régulière.

La base de notre programme pendant ces trois jours ou De quoi nous sustenter

Nous allons donc nous entraîner à :

A quoi pense une Professionnelle de la Formation en train d'animer ?

- Formuler des objectifs de travail avant toute élaboration de synthèse ;

- Traiter l'information dans le *bon sens* : repérer vos préférences cérébrales, savoir en tirer profit, exploiter votre attention sélective, comprendre le cerveau et s'en faire un allié ;

- Ecouter activement : utiliser l'outil CQQCOQP, savoir distinguer Fait / Opinion / Sentiment ;

- Savoir reformuler clairement et précisément ;

- Identifier les données pertinentes à partir de vos objectifs correctement formulés ;

- Repérer les distorsions, les interprétations dans vos synthèses à partir d'une même source d'information ;

- Créer une logique de compréhension pour le destinataire et, pour ce faire, disposer de plusieurs plans ;

- Vous adapter rapidement face à différents publics : connaître les quatre types de raisonnement, savoir les repérer à l'oral comme à l'écrit, repérer le vôtre et savoir utiliser toute la palette ;

- Savoir présenter votre synthèse, tant à l'écrit qu'à l'oral : entraîner votre fluidité mentale et verbale ; disposer de plusieurs modèles de synthèse ;

- Disposer de plusieurs modèles de synthèse ;

- Créer un impact sur vos destinataires : où s'arrête l'information et où commence l'adhésion ? Savoir utiliser ce curseur sur la gamme émotionnelle ;

- et bien d'autres choses encore au fur et à mesure des questions.

Notre tableau à double entrée page suivante présente une vue d'ensemble des synthèses sur lesquelles s'exercer :

	Source d'information orale	Source d'information écrite
Synthèse à présenter par écrit	S'exercer à passer de l'oral à l'écrit : synthèse d'une réunion, d'un RV client, d'une visite de salon, participation à une formation…	S'exercer à passer de l'écrit à l'écrit : synthèse d'un rapport, d'une revue de presse, d'une analyse fouillée…
Synthèse à présenter oralement	S'exercer à passer de l'oral à l'oral : exposé court, briefing, débriefing…	S'exercer à passer de l'écrit à l'oral : synthèse d'un document technique, d'un livre…

Tableau synoptique des synthèses écrites et orales

Après cette mise au point des grandes lignes du programme, validées par l'ensemble du groupe, nous avons une vue globale de ce vers quoi nous allons tendre (leur cerveau gauche est rassuré). Je leur précise néanmoins que l'ordre n'est pas figé et que je tiendrai compte de leur état énergétique (« vous dormez ?

Ok, voici une activité dynamique et courte pour vous réveiller » ; « vous êtes frais et dispo ? Ok, alors abordons cette activité un peu exigeante sur les savoir-faire »).

Tout ce travail de mise à plat et de préparation permet de mobiliser leur énergie et leur attention. Leur collaboration les implique davantage, ils sont ainsi ouverts aux expériences que je vais leur proposer trois jours durant - et deviennent eux-mêmes plus exigeants sur la qualité ! Des bases solides sont posées et nous avançons de conserve. [Il fut un temps où je semais beaucoup dans l'espoir que quelques graines germent dans l'esprit des participants. Avec le recul, je préconise d'en faire moins-en-mieux : mon ambition est que les personnes expérimentent par elles-mêmes, pendant le stage, des techniques pour qu'elles se les approprient et puissent les utiliser rapidement et facilement de retour à leur poste de travail. Ainsi, j'estime qu'elles sont équipées pour aller plus loin par elles-mêmes. En gros, j'en donne moins mais mieux].

Et après la pause, que va-t-il se passer ?

Puis nous faisons une pause en milieu de matinée, laquelle matinée s'étale de 9h à 13h. Avec l'accord du groupe, nous avons prévu de déjeuner à treize heures plutôt qu'à midi pile. Parce que nous gagnons du temps en évitant le *rush* de midi et parce qu'ils sont davantage réceptifs en matinée que dans l'après-midi.

Ils se ruent (?) hors de la salle pour prendre leur pause. Ils m'expliqueront à leur retour qu'ils sont allés traiter quelques mails avec l'étranger (les Etats-Unis commencent à se réveiller) ou ont traité des appels téléphoniques urgents (« Les Russes s'impatientent »). Vu que tous ces appendices technologiques sont éteints pendant la formation, je comprends leur empressement à tirer profit de la pause dans les temps impartis (quinze minutes, idéalement).

Il était une fois... Un travail sérieux

Lorsqu'ils reviennent de pause, je les sens plus alertes, curieux, attentifs. Nous commençons sans attendre les retardataires (les Russes sont-ils bavards ?) Je leur propose de synthétiser un conte de fée. « Un conte de fée ? Ce n'est pas sérieux ?! » - « Si si ! Parce que c'est hors de votre contexte habituel donc vous n'avez pas d'habitudes de travail sur ce type d'information, parce que la composition d'un conte de fée est logique et intéressante à décrypter (et surtout facile pour un premier entraînement), parce que je vous propose d'en faire une synthèse orale (donc attention à la mémorisation), parce que le conte auquel je pense est amusant, intrigant et susceptible de capter votre attention plus que toute autre information « d'entreprise », et puis parce que j'ai envie que ce soit ludique. » (Sourire).

Puisqu'ils me parlent de leurs clients russes, je leur raconte un conte russe (ma besace est pleine de contes en tout genre que je choisis au gré de l'humeur ou du travail à traiter). Ils se prennent au jeu. La synthèse se fait quasiment spontanément, les mains se lèvent, tout le monde veut participer (je les soupçonne de vouloir se débarrasser de la tâche au plus vite parce qu'ils savent que la difficulté va aller crescendo). Finalement, chacun passe à son tour, expose sa façon de synthétiser, ce qui nous permet de relever les différences de contenu d'un participant à l'autre, et les distorsions de la pensée. Nous mettons au point une synthèse commune qu'ils prennent en correction.

Je profite de cette mise en commun de leurs différentes synthèses pour apporter quelques éléments théoriques (savoirs).

Puis, forte de leur enthousiasme, je poursuis sur un autre conte, un peu plus long et plus complexe (rebondissements, suspense). Cette fois, je leur demande de faire leur synthèse sur des supports différents : rendre une synthèse orale sans prise de notes, faire une synthèse orale avec prise de notes, une synthèse écrite sur un post-it, une synthèse écrite sur une feuille format demi-A4 et enfin une synthèse écrite sur papier libre. A eux de choisir le format qui leur convient. Comme ils sont dix environ, des formats vont revenir au moins deux fois. Ce qui nous permettra de comparer les résultats sur support identique. C'est aussi une forme de challenge entre eux que d'avoir à composer avec ces quelques contraintes. Après que je leur ai raconté le conte (source orale), ils prennent quelques instants pour réfléchir. Nous comparons ensuite leur production et échangeons sur les différences. Ce qui leur permet de faire la distinction entre la synthèse et le résumé ou le compte rendu, et de repérer les risques de réinterprétation ou de distorsion.

A partir d'un support d'information simple (le conte), ils comprennent maintenant en quoi réside une synthèse. Nous pouvons aller plus loin et utiliser des sources un peu plus complexes.

Commençons par du « facile », il en restera toujours quelque chose

L'une de mes méthodes pédagogiques est de commencer par du « facile » (je n'ai pas dit simpliste) afin que les participants s'installent dans de bonnes conditions intellectuelles. Ce qui favorise leur ouverture d'esprit ; un peu comme « les trois Oui du client » (utilisée en Techniques de vente). Donc du ludique, du concret, du facilement réalisable avec des résultats positifs immédiats. Je leur propose ainsi plusieurs exercices dans cette veine qui posent les bases du programme. Puis, comme une spirale ascendante, je monte lentement en difficulté, en revenant toujours sur les premières bases que je complexifie (je crée des points d'ancrage). Ainsi, les participants ont un sentiment de familiarité avec la matière et peuvent greffer leurs nouvelles connaissances sur les anciennes. Le propre de la pédagogie pour adultes en somme. Ils se trouvent ainsi dans une zone de confort qu'ils étendent en douceur.

J'alterne exercice écrit et exercice oral, entraînement court et entraînement long, travail en binôme et travail individuel. J'ai horreur de m'ennuyer et d'ennuyer autrui. Je n'aime pas non plus perdre mon temps. J'aime quand les énergies sont mises en mouvement. Ils sont peu habitués à se concentrer longtemps sur une même tâche (statistiquement, un cadre est dérangé toutes les dix minutes) donc la première journée suit un peu leur rythme habituel, découpé, saccadé. Les exercices plus exigeants commenceront demain dans l'après-midi, à mi-parcours de leur stage. Ce n'est pas trop tard dans la mesure où des bases fiables sont installées à partir desquelles ils pourront avancer plus vite. Ils seront capables d'atteindre leurs objectifs de départ. J'aurai juste pris des chemins de traverse, toujours adaptés à leur cadence. Ce sont eux qui donnent le tempo, je me mets à leur diapason. Je suis à leur service.

F. Et les émotions dans tout ça ? (quand on aime, on n'compte pas)

Parlons vrai, rallumons la p'tite flamme...

Je laisse aussi la place à de nombreux échanges émotionnels entre eux car je sens qu'ils « en ont gros sur la patate » et cela risque d'obérer le bon déroulement des trois jours.

C'est lors de ces partages, dans lesquels ils m'incluent (pause déjeuner notamment), que j'apprends les drames humains (au sens propre) qui frappent l'entreprise. Ce qui explique leur lassitude et leur découragement, exprimés ce matin.

Je me rends compte que lorsqu'ils ont un espace pour s'exprimer de manière authentique, sans la crainte d'être jugés (tout ce qui est dit au sein de la formation est confidentiel et ils le savent), avec une écoute attentive et disponible, ils se sentent en sécurité émotionnelle. Ce qui leur permet – paradoxalement – de sortir de leur « zone de confort » et développe leur confiance en eux. Ce qui est tout bénéfice pour leur apprentissage actuel.

Je remarque aussi qu'ils se disent des choses qu'ils n'oseraient pas ou qu'ils n'auraient pas le temps d'exprimer (en dehors de la formation), des émotions mal vécues, des événements douloureux traversés sur leur lieu de travail...

Je ne suis pas à proprement parlé Psychologue et je ne favorise pas directement ces moments de parole, je ne les cherche pas. Néanmoins, j'ai remarqué que mes formations, toutes à dominante humaniste, où la personne est reconnue à sa *vraie* place d'être humain (et non plus à la périphérie de sa vie) et où la communication interpersonnelle est favorisée, sollicitée même, les personnes s'ouvrent, se révèlent, s'épanouissent, reprennent confiance en elles. Elles reprennent goût à essayer, à expérimenter, à agir. Parfois il ne suffit pas de grand-chose pour rallumer cette p'tite flamme en eux.

...laquelle p'tite flamme ranime le feu sacré

Ainsi, la prise en compte de leurs craintes, de leurs angoisses, favorisent la progression, l'ouverture au changement, comme si le fait de parler levait des barrières, des freins. Je ne leur donne pas de solutions, ils ne me les demandent pas et je ne veux pas outrepasser mon rôle. Nous ne sommes pas en psychothérapie. Beaucoup de mes confrères n'aiment pas autoriser ces « débordements émotionnels » parce qu'ils craignent de ne pas pouvoir les canaliser. Ils en ont peur. Or, par les temps qui courent, faits de remise en question, de repli sur soi, d'angoisses, les émotions sont palpables, flagrantes, incontournables. Mieux vaut les intégrer à un moment ou à un autre des exercices ou des pauses, plutôt que tenter de les refouler. Du moins si vous voulez que votre formation soit une réussite. D'autant que les émotions sont parties prenantes de la mémoire. Sans émotion, pas de mémorisation possible.

Les émotions sont notre guide

J'ai d'autres techniques pour intégrer les émotions dans le contenu-même de la formation. [j'ai déjà conçu des formations pour des femmes qui se savaient officiellement licenciées à moins de six mois. Ma mission était de leur donner les outils pour « s'en sortir ». Imaginez l'ambiance assez *plombée* le premier jour. Je le savais et j'avais tout mis en œuvre pour rebooster les personnes, pour leur redonner foi en elles. Y'a une vie après le travail].

De toute façon, les émotions sont inhérentes à notre nature humaine et vouloir les laisser à la porte de l'entreprise est une utopie ; pire même, une hérésie ! [et pour avoir moi-même suivi des formations en tant que stagiaire, je sais de quoi je parle… J'ai vraiment souffert de ce découpage en tranches de la personne et de l'écoute partielle que prêtait le formateur/la formatrice. Je me sentais déniée et non reconnue dans mon être. Sensation vraiment trèèès désagréable. Je comprends les personnes qui renâclent à aller se former après de telles expériences].

G. Je ne m'habitue pas, j'innove constamment

En fait, chaque formation que j'anime est différente, sollicitant tous mes sens et ma créativité. Chaque groupe est particulier, les attentes, les entreprises, les cultures. Même les formations dites « classiques », comme L'Accueil téléphonique, m'obligent à me réinventer. Je ne m'habitue pas, j'innove constamment.

Je suis bien incapable de reproduire deux fois le même stage pour un programme donné. D'un groupe à l'autre, dans une même entreprise, il m'est impossible de faire du copier-coller. A mes débuts, je prenais cela comme un handicap car les groupes étaient censés suivre un programme identique. Puis je me suis rendu compte que le plus important était que les objectifs soient atteints, peu importe les moyens finalement. Bien sûr, je préviens les personnes au cas où elles échangeraient entre elles d'un groupe à l'autre : elles pourraient avoir l'impression de ne pas avoir suivi le même stage ! Néanmoins, elles repartent toujours avec une base commune, avec des fondamentaux incontournables, seuls les ressources et les outils pour y parvenir sont changeants et adaptés.

H. Les souvenirs d'une première journée : qu'est-ce qu'il en reste ?

Pour en revenir à notre formation *Optimiser ses capacités de synthèse*, après la pause de l'après-midi, je leur demande de faire la synthèse de cette première journée de formation : ce qu'ils ont appris, ce qu'ils devraient rapporter à leur supérieur hiérarchique s'il le leur demandait, s'ils devaient inciter d'autres personnes à suivre cette formation, s'ils devaient eux-mêmes ne retenir que quelques outils. Ils décident eux-mêmes de l'objectif qu'ils poursuivent. Ils s'attèlent à la tâche. Un grand silence de quarante-cinq minutes va planer sur nos têtes.

Après ce temps de travail réflexif personnel, chacun à leur tour, ils viennent devant le groupe et exposent leur objectif : à quoi sert leur synthèse ? (Informer sur son contenu ? Sensibiliser sur l'importance d'aller se former ? Inciter à l'action ?). Ils effectuent cette synthèse orale sur cinq minutes maximum - un participant tient le chronomètre -, histoire d'intégrer dans sa mémoire corporelle la notion du temps subjectif limité par un temps objectif.

Une fois les cinq minutes écoulées, la parole est à l'auditoire. Les commentaires vont bon train, avec la consigne (depuis le début de la formation) d'être constructif, factuel (pas de « règlement de compte », pas d'énervement devant les erreurs « bêtes »), dans le respect et la bienveillance.

Les plus assidus, en cette fin de journée, prennent notes de mes propositions de correction.

Avant de nous quitter, je leur expose succinctement le programme du lendemain et je leur demande d'apporter des documents professionnels qu'ils souhaitent synthétiser : mails, comptes rendus (court de préférence), notes, etc. en camouflant les données confidentielles. Nous nous quittons fatigués (d'une bonne fatigue !) et satisfaits du travail accompli.

2ème jour / 3 jours

I. Etat d'esprit – et son contenu - après une nuit de *travail neuronal*

Deuxième jour de formation. Ils arrivent souriant, moins de pression et plus de dynamisme qu'hier quand ils entrent dans la salle. Je me sens bien et prête à leur donner le meilleur. Ils viennent cette fois-ci tous me serrer la main et me regardent droit dans les yeux, le regard franc, engageant.

« Avez-vous passé une bonne nuit ? Êtes-vous en forme ? » Questions risquées de ma part (et s'ils disaient « non » ?) J'aime autant savoir s'il y a des freins ou des réticences. En fait, questions peu risquées compte tenu de la bonne humeur qui émane d'eux. « Avez-vous des remarques ? » Quelques suggestions, quelques idées sont émises. Les participants répondent eux-mêmes aux questions de leurs collègues. Ils partagent leurs connaissances. Je n'ai plus qu'à confirmer ou à compléter.

Je leur rappelle ce sur quoi ils ont travaillé hier

« 1 – Vous savez ce qu'est une synthèse, en quoi elle consiste et vous savez faire la différence avec d'autres écrits professionnels tels que résumé ou compte rendu.

2 - Vous avez pris connaissances de vos préférences cérébrales et comment vous en servir selon que vous êtes « cerveau droit »

ou « cerveau gauche ». Ainsi vous ne cherchez plus à faire comme vos collègues, et vous ne culpabilisez plus lorsque ça ne fonctionne pas comme vous croyez que « ça devrait ».

3 - Vous avez appris aussi comment formuler un objectif pertinent avant d'aborder toute synthèse (« pas d'objectif, pas d'action »).

4 - Vous connaissez les quatre chemins de la pensée (les quatre modes d'organisation de l'information) et vous vous y êtes exercé. Vous savez maintenant les repérer et comment agencer votre synthèse rapidement. Et vous connaissez votre mode préférentiel (vous savez aussi en sortir et gagner en souplesse).

5 - Vous savez traiter une problématique d'entreprise sous différents angles en fonction de l'objectif poursuivi et vous savez rédiger différentes synthèses simples.

6 – Vous savez distinguer Faits / Opinions / Sentiments et vous êtes sensibles au fait que les frontières sont parfois subtiles et peuvent être cause de désinformation ou d'interprétation.

7 – Vous avez repéré votre sensibilité émotionnelle, vos filtres personnels, et vous saurez rester vigilants par rapport à votre mode de fonctionnement habituel.

8 – Vous savez poser les bonnes questions (CQQCOQP notamment) et vous pensez à les utiliser dans tout contexte.

9 - Vous savez utiliser différents outils tels que carte mentale (*mind maping*), tableaux sous différentes formes, schémas heuristiques et vous vous autorisez à respecter vos préférences fonctionnelles plutôt que celles de votre voisin (vous vous êtes vus agir hier et vous avez constaté – Ô surprise – que vos

méthodes fonctionnent, les résultats sont là qui sont appréciés de vos collègues ici présents). Et enfin,

10 – Vous vous êtes exprimés à l'oral, vous avez exercé votre fluidité mentale et verbale, vous avez effectué des synthèses orales brèves « l'air de rien » avec exercices d'écoute active et de reformulation, et vous vous êtes « coachés » mutuellement. Vous vous autorisez à exprimer vos doutes et vos faiblesses et vous remarquez que cela ne vous anéantit pas. Au contraire, les partager vous rend plus fort. »

Le rappel du travail d'hier sert de points d'ancrage pour le programme d'aujourd'hui. Leur remémorer tout ce qu'ils ont déjà parcouru leur montre qu'ils avancent bien (quoi que les pessimistes puissent en penser) et sollicite leur attention. Et s'ils ont des questions, elles vont venir maintenant.

J. Se relaxer quand on est en pleine forme, est-ce bien sérieux ?

Je leur propose ensuite, avant tout travail intellectuel, une séance de relaxation. « Quoi ? Dès le matin alors qu'ils n'ont encore rien fait ? »

Ces managers, en constante surchauffe, ne savent pas (ou plus) comment se relaxer. Ils ne prennent pas non plus le temps de « se poser » et respirer tranquillement. Ils ne s'accordent pas ce temps de respect d'eux-mêmes ni d'écoute des besoins de leur corps et de leur intuition. Donc leur proposer une séance maintenant, alors qu'ils sont encore « frais et dispo », est idéal : ils sont réceptifs et sont capables de ralentir leurs pensées et respirer paisiblement. Loin des pressions, dans cette salle de formation protégée du milieu extérieur, ils peuvent se recueillir un instant et prendre le temps d'intégrer la procédure de relaxation en même temps qu'ils la pratiquent sous ma guidance. Ils sauront ainsi comment procéder lorsque le stress les saisira.

Je les invite à se mettre en position (en restant sur leur chaise, afin qu'ils sachent le faire plus tard face à leur ordinateur). La confiance est instaurée, aussi puis-je leur demander de lâcher prise et me suivre dans la visualisation créatrice que je leur propose.

Au sortir de cette séance de relaxation, après force bâillements et étirements, ils sont épanouis, ailleurs, l'air béat.

Après cette pratique, je leur explique – schémas à l'appui - les différentes ondes cérébrales, le rôle et l'importance de la respiration sur le système reptilien, l'action du filtre réticulaire qui sélectionne l'information et la laisse monter au cerveau (ou pas), le rôle de l'inconscient cognitif et comment le duper… ils savent ainsi qui est aux commandes de leur vie (eux-mêmes !) et comment sortir de leur pilote automatique qui subit, pour aller vers plus d'autonomie et de qualité de vie. Ils *adorent* entendre parler d'eux et les stylos courent sur le papier.

K. L'enrichissement des sources et des têtes ou Comment renforcer sa confiance

A partir de là, ils sont prêts pour travailler sur des textes, a priori fastidieux, mais pour lesquels ils sont pressés d'exercer leurs compétences nouvellement stimulées (à moins que ce ne soit l'un de mes *filtres* qui aime à le croire). Je choisis les textes en fonction de ce qu'ils racontent : des histoires optimistes, issus de différentes sources (surtout économiques, ce qu'ils ont l'habitude de lire), qui donnent à voir la bouteille à moitié pleine (plutôt qu'à moitié vide) en période de crise. C'est parti pour de grands moments de calme et de travail studieux entrecoupés d'échanges intragroupes.

Je les conduis avec une méthode rigoureuse à suivre pas à pas. A chaque étape correspond une consigne de travail. Chaque consigne de travail met en œuvre une tâche, une technique, un outil. Le groupe s'arrête aux étapes et partage ses résultats. Ce qui permet aux personnes inquiètes (« vais-je y arriver ? ») de constater leurs progrès au fur et à mesure de l'avancement des travaux. Quant aux plus confiants, ils apportent leurs connaissances et, c'est bien connu, on ne retient bien que ce que l'on sait retransmettre. Le groupe est dynamique et nous ne voyons pas l'heure passée [c'est d'ailleurs l'un de mes défauts – que j'annonce le premier jour – je ne respecte pas les temps de pause parce que je ne vois pas le temps passer ! Et les fumeurs, en général, nous rappellent à l'ordre].

Après la pause matinale, les textes s'enrichissent et nous passons à leurs propres documents internes, ceux qu'ils appréhendent. Ceux qui justifient leur inscription volontaire à cette formation. Ceux qui les mettent en difficulté et en perte de confiance. J'ai insisté hier pour qu'ils apportent des documents complexes à traiter. Certains ont prévu le coup et ont même fait des copies pour leurs collègues. J'apprécie leur engagement. Je les invite à appliquer la méthode de travail qu'ils viennent d'expérimenter : les étapes, le temps de la réflexion, se poser les bonnes questions, prendre le temps de respirer en cas de doute ou de perte de confiance en soi, etc. Avant le déjeuner, deux documents ont été traités et ils constatent que « c'était presque facile une fois qu'on sait comment s'y prendre. »

Au déjeuner auquel je suis conviée, ils discutent à nouveau des drames qui ont eu lieu dans l'entreprise mais je remarque que quelques-uns détournent la conversation vers d'autres sujets plus légers. Ceux qui ne se connaissaient pas deux jours auparavant se trouvent des affinités et échangent avec entrain sur leur hobby.

L. Mise en mouvement pour ne pas s'endormir (sur ses lauriers ?)

Après le déjeuner, comme bien souvent, les personnes sont quelque peu indolentes. Si je pouvais respecter tout à fait leur rythme, je les inviterais à faire une sieste de trente minutes maximum. Cela présenterait plusieurs avantages que je ne vais pas développer ici puisque la sieste est hors contexte donc hors sujet. De ce fait, pour les *ranimer*, rien de tel que de les mettre en mouvement : ils vont s'exercer à la synthèse orale via toute une série d'exercices, seuls, en binôme ou en sous-groupe, avec restitution devant l'ensemble du groupe. Ainsi, cette mise en mouvement réveille la pensée, et ces challenges devant le groupe les mettent en alerte (gentille l'alerte, ils sont entre eux).

Après ces entraînements à la synthèse orale, ils reprennent les textes professionnels propres à leur travail. Ils se remettent à la synthèse écrite en saucissonnant l'activité par étapes comme ils savent le faire maintenant. Ils s'exercent ensuite à en faire une synthèse orale devant le groupe, qui valide les critères de clarté, concision, compréhension, objectif respecté, etc.

Je demande ensuite à chacun de synthétiser par écrit ce qu'il a compris, puis re-restitution orale. Nous discutons des faiblesses et des points forts des synthèses en question. La boucle est bouclée pour aujourd'hui.

A la fin de cette deuxième journée, je leur propose une séance de visualisation pour approfondir l'empreinte mnémonique des savoirs et savoir-faire fraîchement acquis. Ils sont partants. C'est vrai que le cerveau se trouvera plongé en ondes Alpha : que du bien-être !

3ème jour / 3 jours

M. La synthèse idéale existe-t-elle ? On peut toujours s'y essayer

En ce matin du troisième jour, je les sens las. C'est normal. C'est au troisième jour que la fatigue est la plus dense après un nouvel apprentissage. C'est au troisième jour que des erreurs d'inattention surviennent majoritairement. C'est au troisième jour que la motivation décroît avec cette impression de faire toujours un peu la même chose. (C'est au troisième jour qu'on risque de se casser une jambe en tombant de ski.) Qu'à cela ne tienne, je leur propose de faire un débriefing sur tout ce qu'ils ont retenu jusqu'à maintenant - mais ! - sous forme de jeux-cadre (plus amusant, comme son nom l'indique). Cela permet d'activer leurs connaissances, encourage une revue en profondeur de ce qu'ils savent déjà (et qu'ils ne savent pas qu'ils savent déjà) et permet la pratique implicite de la visualisation.

Cela me permet aussi de savoir où ils en sont par rapport aux objectifs de la formation (décidés par l'entreprise sur ma proposition initiale du programme, j'ai en effet des engagements vis-à-vis de mon client). Cela me permet aussi d'organiser cette troisième journée en conséquence. En effet, il nous reste trente pour cent du temps pour recadrer, réviser, clarifier… avant de proposer de nouveaux apports le cas échéant.

Mis en sous-groupe de trois-quatre personnes, tables et chaises déplacées, consignes données, réponses aux questions, le travail se met en branle dans chaque coin de la pièce.

Je circule de table en table, je les écoute, les encourage, reprécise les consignes, approuve la progression et les bonnes idées. Une mini-compétition bruissante s'instaure entre les sous-groupes, qui s'entend d'un bout à l'autre de la pièce. La bonne humeur est de mise : ce débriefing doit se faire sous la forme d'un mini-reportage (synthétique !) sur tout ce qu'ils ont appris ces deux jours. Mais attention : ce reportage doit être vraiment passionnant et doit emporter l'adhésion de leur public, tout en respectant la consigne d'une synthèse (donc objectivité des informations, points principaux à mettre en avant, discernement dans le choix de l'information…). Bref, imaginer la synthèse idéale !

Ensuite, un rapporteur de chaque sous-groupe expose au groupe plénier sa synthèse en vingt minutes maximum. Questions, réponses, critiques constructives, commentaires, d'accord-pas d'accord, oui-mais, ah-ça-y-est-je-comprends-mieux, constituent des échanges enrichissants. Ils pratiquent la synthèse en même temps qu'ils l'expliquent. Ils confrontent leur production à l'expertise du groupe qui a son mot à dire sur le sujet dorénavant. Ils se comparent (devraient pas) et se rassurent (plutôt une bonne chose, cette comparaison, finalement).

Toute la matinée y passe et ils sont ravis devant les progrès accomplis. Ils n'auraient pas imaginé avoir engrangé autant en deux jours et, surtout, ils n'auraient pas imaginé reprendre confiance en leurs compétences à ce point (dixit certains d'entre eux).

Le déjeuner est le dernier en commun et je sens qu'ils aimeraient le prolonger, oublier la salle de formation. Je leur propose alors de travailler la synthèse orale par des petits entraînements rapides et ludiques, ce qui nous permet de « traîner à table » sans culpabiliser (je parle pour moi, je ne suis pas payée à jouer pour jouer, alors si le jeu est un moyen pour apprendre, je me sens déjà mieux).

N. Savoir se relaxer en toutes occasions, c'est mieux

L'après-midi, je leur propose à nouveau des exercices de relaxation. Je veux qu'ils prennent l'habitude de les pratiquer, c'est vraiment d'une grande efficacité pour réguler son stress et retrouver calme, idées, créativité, efficacité et bien-être. De plus, la relaxation permet d'ouvrir la mémoire à long terme en diminuant la fréquence des ondes cérébrales (Alpha plutôt que Bêta) et permet l'ouverture de la fonction réticulée qui filtre l'information.

Quelques minutes à prendre sur son précieux temps, en amont d'une tâche, pour lâcher prise et se concentrer (mettre ses énergies en cohérence) permet de l'effectuer dans de meilleures conditions et s'éviter les erreurs et le stress inutile. Bref, pouvoir travailler en conscience, dans le respect de soi, et obtenir de façon juste les résultats attendus.

O. Consolidons nos acquis-amis de peur qu'ils ne se sauvent

Ce troisième jour est un vendredi, veille de week-end, nous partirons plus tôt, nous n'allons donc rien faire de nouveau cet après-midi. Nous allons plutôt consolider les connaissances par une sorte de « contrôle qualité » de la formation : d'une part, vérifier la justesse de leurs connaissances, d'autre part reconnaître leurs nouveaux acquis (une reconnaissance personnelle pour entretenir leur dynamique et leur motivation à poursuivre ; une reconnaissance sociale pour renforcer leur confiance en soi).

Je leur propose un tournoi amical : se mettre en binôme et mettre en commun tout ce qu'ils ont retenu sous la forme d'un schéma heuristique. Il ne s'agit donc pas d'une synthèse mais d'un exercice de mémoire et de consolidation des connaissances. Ensuite, les binômes constituent deux sous-groupes afin de partager leurs connaissances et compléter leurs schémas. Enfin, je propose à l'un d'eux, à tour de rôle, de s'imaginer être une « star » qui se laisse interviewer par les participants de façon libre, selon l'inspiration des « journalistes ». La « vedette » répond aux questions relatives aux *Techniques pour optimiser les capacités de synthèse* et s'oblige à être précise, concise, claire et synthétique. Cette mise en scène les prépare à répondre aux questions de leur supérieur hiérarchique (ou à toute autre personne), au cas où ils auraient à rendre des comptes sur ces trois jours « où ils n'ont pas travaillé » (sic les collègues non participants)

P. L'engagement *entre soi et soi* pour intégrer la Synthèse dans notre vie

Mes séminaires ne sont jamais complètement terminés tant que les participants n'ont pas choisi trois objectifs personnels de progrès qu'ils s'engagent à planifier et à atteindre dans un temps imparti. Ils rédigent leur trois objectifs principaux par écrit et signent leur document (je leur remets l'outil papier vierge) afin qu'ils continuent leur apprentissage et s'encouragent à poursuivre leurs efforts. Je ne vois pas l'intérêt de s'arrêter en si bon chemin après ces trois jours d'investissement personnel ! Ils apposent leur signature au bas de la page, comme une sorte de contrat moral *entre soi et soi*.

Je les préviens qu'il leur faudra trois semaines (au moins) de travail conscient et volontaire pour changer leurs anciennes habitudes et ancrer leurs nouvelles pratiques dans le cerveau et dans leur comportement.

Formuler ses objectifs est un travail fastidieux – réfléchir encore, choisir des objectifs réalistes et réalisables, les formuler correctement puis décider, les planifier et s'engager – surtout en fin de journée, en fin de semaine, en fin de stage… Et ce n'est que le début ! Je propose à qui veut de les exposer au groupe ; en général, le partage va de soi après ces trois jours intenses.

Q. Les mots de la fin, la fin des mots

Puis un dernier tour d'ensemble pour qu'ils puissent exprimer librement leur vécu durant ces trois jours, comparer leur état d'esprit de l'avant-veille au matin à ce dernier jour au soir, échanger de manière informelle sur tout ce qu'ils ont envie de dire… Et je leur demande aussi ce qui est améliorable dans la formation pour les prochains inscrits qui aimeraient *Optimiser leurs capacités de synthèse*. Je prends note des bonnes idées (et de mes zones perfectibles).

Après les dernières formalités d'usage, nous nous quittons satisfaits, la main sur le cœur, emplis de reconnaissance les uns pour les autres.

Alors que je remets de l'ordre dans mes affaires et dans le réarrangement de la salle, je ressens la joie profonde d'avoir été à ma juste place et d'avoir apporté ma pierre à la construction de la conscience humaine (rien que ça). Je ressens aussi une immense gratitude pour ces moments de plaisir partagé. Dans le même temps, je ressens un vide abyssal, un moment de solitude et de désœuvrement soudains.

Je me dirige vers ma voiture, je suis pensive et émotive. Je suis fatiguée. C'est normal. Tout va bien.

R. Retour chez soi, retour sur soi

De retour chez moi, je sors tous les dossiers et papiers relatifs à cette formation. Je parcours mes notes prises au cours des trois jours. Je relis les idées qui me sont venues à l'esprit lors de nos échanges. Je complète mes réflexions.

Je fais le bilan de ces trois jours et je me demande - comme toujours lorsque je termine une mission - si j'ai bien fait tout ce que j'ai fait. Je pratique l'introspection par nature. Je ne suis pas inquiète sur ma façon de faire dans la mesure où je me sens bien pendant et après les stages, et que mon action sonne *juste* pour moi.

Je me revois en présentiel parmi les participants et j'imagine comment j'aurais pu procéder autrement. Je me demande si je n'aurais pas dû proposer tel entraînement plutôt que tel autre ; si je n'ai pas perdu de temps dans telle ou telle activité ; si j'ai été suffisamment claire dans telle partie ; si je ne suis pas allée un peu vite dans telle autre (les contenus que je transmets me paraissent tellement évidents à force de les pratiquer que, parfois, je ne sais plus où situer la limite du « facile » et du « difficile », jusqu'à quel point je peux les « pousser »).

Je me demande également si les participants vont continuer sur leur lancée, si cet apprentissage leur est vraiment profitable, s'ils sauront l'utiliser au quotidien, s'ils auront le courage de se remettre en question.

Enfin, je me questionne sur mon action : est-elle vraiment utile ? L'être humain peut-il vraiment changer ? Et surtout, est-il capable d'évolution en trois jours ?!

Et je continue à le croire.

En effet, je reçois des mails d'anciens participants (et même des cartes postales, c'est génial !) qui me disent penser à moi : grâce à ma pédagogie et à ce qu'ils ont appris, ils ont pu modifier leurs habitudes, évoluer à leur poste, changer d'environnement professionnel, être titularisés. Ils ont osé demander davantage à leur environnement, parfois jusqu'à changer de vie !

Ils s'en sont donné les moyens.

Ces mails arrivent souvent à point nommé, dans les moments où je doute de la pertinence de cette activité professionnelle, quant aux changements que j'ambitionne d'apporter dans les entreprises, auprès des salariés.

Ces témoignages me rappellent que les graines que je sème au long cours (sur deux-trois jours intenses) finissent par croître et porter leurs fruits.

De plus, ce travail me procure beaucoup de joie, tant par son aspect intellectuel que relationnel ; alors je le poursuis, encore et encore, avec cet enthousiasme renouvelé.

Oui, je continue à croire à / en la Formation pour Adultes dans les Organisations. Et je poursuis – à mon échelle – cette construction de la Conscience, qui grandit notamment grâce au Développement personnel et professionnel que les individus investissent en eux.

***

« A tout être humain ont été concédées deux qualités : le pouvoir et le don. Le pouvoir conduit l'homme à la rencontre de son destin ; le don l'oblige à partager avec les autres ce qu'il y a de meilleur en lui. » Paulo Coelho

POUR ALLER PLUS LOIN

Pour en savoir plus, pour obtenir des informations sur les formations, conférences, séminaires, stages et accompagnements individualisés ou en équipe, je vous invite à me contacter :

- Site / blog : www.etreproactif.com (fiche Contact)
- Adresses mail : nathalie@etreproactif.com ou etreproactif@orange.fr
- Page Facebook : etreproactif

Je serai heureuse de vous aider à cheminer avec efficacité et dans le bien-être vers vos objectifs, qu'ils soient personnels ou professionnels.

POUR ALLER PLUS LOIN (bis)

Vous trouverez sur le site www.etreproactif.com :

- Les formations : Les fondamentaux de la Proactivité ;
- Les formations par thème dans une approche proactive ;
- Pourquoi je me proclame « Experte de la proactivité » dans le monde francophone ;
- Les Références Clients ;
- Les Témoignages de Participants et d'Acheteurs.

Je suis à votre disposition :

Demandez et vous recevrez, toquez et l'on vous ouvrira.

A quoi pense une Professionnelle de la Formation en train d'animer ?

DEUXIÈME PARTIE :

LES BONUS

A quoi pense une Professionnelle de la Formation en train d'animer ?

La *représentation* de la formation en *live* est terminée, merci de l'avoir suivie ☺

Les 9 BONUS qui suivent vous apportent des connaissances (savoirs) pour satisfaire votre curiosité et constituent des outils pratiques (savoir faire) à mettre en œuvre dès la fin de votre lecture.

Ils ne remplacent pas une formation en temps réel et en présentiel avec entraînement soutenu, pratique en groupe dynamique, échanges intra groupe et réponses personnalisées à vos questions.

Néanmoins, ces outils et techniques peuvent vous inspirer pour améliorer vos pratiques actuelles. Ces premiers pas (les BONUS) sont des pistes à partir desquelles vous exercer (et vous donner l'envie d'aller plus loin).

NB :

Ces bonus ne représentent pas l'exhaustivité des outils présentés en formation.

Ces bonus sont placés dans un ordre linéaire, sans véritable logique interne (pas de plan donc). Et ce, pour le plaisir de vous laisser déambuler parmi ces 9 bonus, et vous arrêter sur celui qui vous convient le mieux. Pour ma part, Bien respirer me paraît prioritaire avant d'entamer tout travail, mais je pense que vous êtes d'abord intéressés par les Etapes essentielles d'une bonne méthodologie de synthèse. C'est pourquoi je m'abstiens de vous indiquer un ordre.

En formation, en revanche, je vous emmène par la main et vous ouvre la voie en vous montrant des pistes solides que vous êtes ensuite libre de suivre.

Au plaisir de vous voir dans la *vraie vie* pour cheminer ensemble vers votre réussite ☺

A quoi pense une Professionnelle de la Formation en train d'animer ?

BONUS 1 : TEST : Êtes-vous plutôt analytique ou synthétique ?

Extrait de l'ouvrage : *Synthèse : mode d'emploi* de Michelle FAYET et Jean-Denis COMMEIGNES aux Éditions Dunod

A. Questionnaire :

	Questions	OUI	NON
1	Êtes-vous plutôt désordonné(e) quant à vos affaires personnelles ?		
2	Êtes-vous d'un tempérament à accumuler les objets, vêtements, livres… ?		
3	Lors d'une étude, recherchez-vous tout d'abord des livres de petit volume synthétisant un sujet en peu de pages ?		
4	Avez-vous tendance à prendre beaucoup de notes lors de réunions, cours, conférences ?		
5	Êtes-vous rapidement capable de parler d'un sujet en ayant très peu d'éléments le concernant ?		
6	Pleurez-vous facilement au cinéma lorsque l'émotion est trop forte ?		
7	Êtes-vous capable de lire des livres volumineux lorsqu'un sujet vous intéresse ?		

A quoi pense une Professionnelle de la Formation en train d'animer ?

	Questions	**OUI**	**NON**
8	Êtes-vous vite agacé(e) lorsque quelqu'un expose une situation ou des faits de manière très détaillée ?		
9	Avez-vous, en parlant, tendance à dériver de votre sujet ?		
10	Les jours d'examen, aviez-vous souvent terminé avant la fin de l'épreuve ?		
11	Avez-vous l'impression d'écrire trop directement, voire sèchement ?		
12	Êtes-vous très sensible à vos propres détails vestimentaires, à l'harmonie des formes et des couleurs ?		
13	Lorsque vous écoutez un exposé, est-ce que de nombreux développements peuvent vous gêner ?		
14	Lors de l'étude d'un sujet, avez-vous tendance à accumuler les documents et les informations ?		
15	Cherchez-vous constamment à gagner du temps en réfléchissant et en organisant vos actions à l'avance ?		
16	Éprouvez-vous le besoin de faire systématiquement un plan de vos écrits avant d'en commencer la rédaction ?		
17	Aimez-vous particulièrement regarder les documentaires ?		

A quoi pense une Professionnelle de la Formation en train d'animer ?

	Questions	OUI	NON
18	Imaginez-vous en détail, à l'avance, les situations que vous allez vivre ?		
19	Au sein d'un groupe, êtes-vous reconnu(e) de suite, sans avoir besoin de temps pour être découvert(e) par les autres ?		
20	Après l'exposé de quelqu'un, êtes-vous capable d'en dégager très rapidement les points principaux, sans vous référer à vos notes ?		
21	Lors d'une formulation, vous ne savez pas quoi supprimer car tout vous paraît important.		
22	Vous recherchez constamment la perfection du moindre détail.		
23	Lorsque vous voyagez, emportez-vous toujours beaucoup trop de bagages en prévoyant toutes les situations ?		
24	Vous préférez les décorations très dépouillées, sans beaucoup de meubles.		
25	Êtes-vous capable d'acheter un objet qui vous plait, même si vous en possédez déjà plusieurs du même type ?		
26	Vous avez besoin de mettre de l'ordre dans vos affaires très fréquemment.		

A quoi pense une Professionnelle de la Formation en train d'animer ?

	Questions	OUI	NON
27	Vous changez très vite d'activité.		
28	Vous vous ennuyez très vite.		
29	Vous pouvez lire plusieurs livres ou revues sur le même sujet avec plaisir sans vous lasser.		
30	Vous prenez des risques sans trop réfléchir.		

B. Dépouillement :

Indiquez dans chaque colonne votre résultat par une croix puis effectuez le total par colonne.

	Analytique		Synthétique	
1	Oui		Non	
2	Oui		Non	
3	Non		Oui	
4	Oui		Non	
5	Non		Oui	
6	Oui		Non	
7	Oui		Non	

A quoi pense une Professionnelle de la Formation en train d'animer ?

	Analytique	Synthétique
8	Non	Oui
9	Oui	Non
10	Non	Oui
11	Non	Oui
12	Oui	Non
13	Non	Oui
14	Oui	Non
15	Non	Oui
16	Non	Oui
17	Oui	Non
18	Oui	Non
19	Non	Oui
20	Non	Oui
21	Oui	Non
22	Oui	Non
23	Oui	Non
24	Non	Oui
25	Oui	Non

A quoi pense une Professionnelle de la Formation en train d'animer ?

	Analytique	Synthétique
26	Non	Oui
27	Non	Oui
28	Non	Oui
29	Oui	Non
30	Non	Oui
Total		

C. Interprétation :

Si vous avez plus de quinze réponses dans l'une ou l'autre des colonnes, vous voyez apparaître clairement votre tendance : synthétique ou analytique. Si votre score est quasiment égal dans les deux, vous êtes de tendance « balancier ».

1. *Les analytiques*

Si vous êtes à tendance Analytique, vous avez un penchant naturel pour l'approfondissement intellectuel, une forte capacité d'écoute. Vous procédez par questionnement « pointu », vous recherchez les détails au risque d'un certain perfectionnisme, vous avez besoin de comprendre avant d'avancer, vous êtes centré sur l'objet (de l'analyse).

2. Les synthétiques

Si vous êtes à tendance Synthétique, vous êtes plutôt attiré par la communication, vous êtes capable de faire l'impasse sur certaines informations (vous n'avez pas le perfectionnisme de l'Analytique), vous avez une certaine souplesse dans l'approche des problèmes, vous êtes centré sur le sujet (la restitution).

3. Les « balanciers » :

Vous vous trouvez à cheval sur les deux tendances, tantôt analytique, tantôt synthétique, en fonction du comportement que vous réclame la situation. Vous êtes souple et adaptable.

D. Des traits de caractère en fonction des dominances cérébrales

1. Dominance Cerveau gauche

Le cerveau gauche (« hémisphéricité cérébrale gauche », devrais-je écrire) est celui du langage, de la logique, de l'auditif et de la perception du temps. C'est la zone où domine la raison : vous êtes plutôt Analytique.

2. Dominance Cerveau droit

Le cerveau droit (« hémisphéricité cérébrale droite ») est celui de la compréhension globale, de la synthèse, de la perception visuelle... C'est la zone où dominent la créativité, l'imagination. Vous êtes plutôt synthétique.

3. Tableau récapitulatif

ANALYTIQUES	SYNTHÉTIQUES
Souvent plus anxieux par anticipation détaillée des événements.	Souvent assez décontracté dans les situations nouvelles.
Souvent ponctuels par anticipation des obstacles possibles pouvant survenir.	Parfois en retard, car ne s'accorde que le temps raisonnable du trajet sans prévision d'obstacles possibles.
Bonne écoute pouvant même entraîner une noyade au milieu du trop-plein d'informations recueillies.	Sélection permanente des messages à écouter (non écoute dans certains cas).
Tendance à accumuler les objets en pensant qu'ils seront toujours utiles.	Tendance à jeter fréquemment par souci de ne pas être encombré.
Mémorisation dans le contexte d'où difficulté à travailler seul à distance.	Possibilité plus grande de travailler seul à distance car aucun besoin de mémoriser

Porteurs de beaucoup de questions très fouillées.	dans le contexte. Porteur de questions de synthèse.
Suivi des mêmes chemins, même s'ils ne sont pas les meilleurs.	Souci constant de trouver de nouveaux chemins.
Aucune faculté à s'ennuyer car toujours occupés.	Ennui très rapide, besoin de changement. Peu d'intérêt pour le détail.
Goût du détail très prononcé.	Facilité à se débarrasser des objets.
Grande difficulté à se débarrasser des objets.	

E. La synthèse s'effectue en deux temps

1 - **L'analyse** : une étape de « décomposition » par tri et sélection d'informations ;

2 - **La synthèse** : une étape de reconstruction et de rassemblement.

La synthèse est souvent conditionnée par un travail d'analyse préalable alors que l'analyse n'implique pas obligatoirement un travail de synthèse.

1. Analyser pour :

- Obtenir une réponse précise aux différentes questions qui se posent ;
- Découvrir un sujet par étapes successives pour bien en comprendre la teneur ;
- Saisir les raisonnements logiques, comprendre les articulations ;
- Disposer d'éléments fiables et étayés ;
- Connaître de façon approfondie un sujet, un contexte.

2. Synthétiser pour :

- Découvrir un sujet par une approche globale et directement repérable ;
- Disposer d'éléments aisément mémorisables ;
- Pouvoir dégager de grands axes sans se noyer dans les détails ;
- Accéder directement à l'information « utile » ;
- Faire apparaître les associations logiques de façon immédiate ;
- S'appuyer sur des mots clés, des idées force…

F. Si vous êtes synthétique

Si vous êtes à dominante « synthétique », soyez vigilant à propos de votre penchant à « faire court » et retenez davantage d'informations d'appui. Pour ce faire, contraignez-vous à bien écouter et / ou bien noter les informations. Vous avez également tendance à survoler sans suffisamment approfondir. Toutefois, vous êtes plus que les autres déjà dans le courant de la synthèse. Il faut seulement travailler à la fiabilité des messages à retenir.

G. Si vous êtes analytique

Si vous êtes à dominante « analytique », apprenez à trancher dans le flot d'informations que vous recevez pour ne pas ne pas être dépassé. Tout vous paraît important ; vous pouvez être vite noyé. Les Bonus que vous allez aborder dans les pages suivantes devraient vous permettre de canaliser votre tendance vers plus de synthèse.

H. Si vous êtes entre les deux (en balance)

Vous possédez un équilibre des deux tendances. Cela peut être le signe d'une aptitude naturelle qui vous permet de vous adapter facilement à vos interlocuteurs, quelles que soient leurs tendances. Vous pouvez jouer un rôle de modérateur.

Retenez : La synthèse est une représentation mentale spontanée, qui peut se renforcer ou s'apprendre avec l'appui d'outils de pensée et de méthodes adaptées.

NB : Vous pouvez trouver sur l'Internet quantité de tests pour déterminer vos préférences cérébrales, votre mode de fonctionnement préférentiel, permettant de déterminer si vous êtes « cerveau gauche » ou « cerveau droit ».

Connaître votre tendance, c'est pouvoir tirer le meilleur de vos compétences naturelles, les développer, vous appuyer sur vous-même et vous faire confiance. Cela vous permet aussi de vous méfier de vous-même en connaissant vos « faiblesses » et à chercher à les combler pour vous améliorer si tel est votre souhait.

En effet, votre hémisphéricité cérébrale (vos « préférences cérébrales », gauche ou droite) va impacter votre façon d'aborder le travail de synthèse - comme tout travail d'ailleurs, qu'il soit intellectuel ou manuel, concret ou abstrait. Aussi est-il toujours instructif de savoir comment l'on « fonctionne » pour faire au mieux – et facilement – avec Qui nous sommes.

Mieux se connaître, c'est mieux se comprendre, et c'est faire « ami-ami » avec soi avec plus d'égard et de respect pour soi-même, au mieux de ses intérêts et de son bien-être. C'est savoir utiliser ses atouts et connaître ses faiblesses. C'est relativiser qui nous sommes (« je ne suis ni pire ni meilleur qu'autrui ») et savoir en tirer profit.

A quoi pense une Professionnelle de la Formation en train d'animer ?

A vous de jouer !

Notez, commentez, approfondissez :

....
....
....
....
....
....
....
....
....
....
....
....
....
....
....
....
....
....
....

BONUS 2 : UNE AIDE MÉTHODOLOGIQUE pour synthétiser vos informations

Distinguez les étapes dans votre travail d'élaboration d'une synthèse : le travail du cerveau droit est différent de celui du cerveau gauche. Pour leur permettre de travailler efficacement dans leur partie (là où ils sont bons), séparez les étapes de leurs spécificités afin de ne pas les embrouiller et leur permettre de tirer pleinement profit de leurs capacités.

A. 1ère étape : votre cerveau gauche

Définissez clairement votre objectif :
Quoi ? Pourquoi ? Pour quoi ? Pour Qui ?

Dès le départ, sachez que votre synthèse doit répondre à un but – votre objectif – qui doit captiver votre destinataire (lecteur si synthèse écrite ; auditeur si synthèse orale). Donc votre message ne doit porter que sur un seul but, clair et compréhensif, si vous voulez retenir son attention.

Aussi, ayez une vision claire de votre but : pourquoi et pour quoi voulez-vous, ou devez-vous, établir une synthèse d'information (écrite ou orale) ? Quels sont les buts ou objectifs poursuivis ? A quoi va servir votre synthèse et à qui ?

Gardez bien à l'esprit votre objectif : pourquoi vous allez prendre du temps et de l'énergie à travailler sur une synthèse, et à qui va-t-elle servir ?

B. 2ème étape : votre cerveau droit

Ayez une vision d'ensemble de l'information à englober

Une fois votre objectif précisé, travaillez ici avec votre cerveau droit, spécialiste de la vision d'ensemble d'une situation, de la globalité des informations à intégrer (contexte, situation, personnes, choses…).

Lorsque vous prenez connaissance d'une ou plusieurs informations, qu'elles soient écrites ou orales, prenez le recul nécessaire et donnez-vous ce temps d'appréhension globale (une sorte de zoom arrière) de l'information, sans craindre d'en perdre.

Ecoutez, écoutez encore et prenez le temps de réfléchir. Prenez quelques notes – trois phrases-clé par exemple – avec votre vocabulaire afin de vous approprier le sujet. Comparez vos phrases-clés avec votre objectif formulé à la première étape ci-dessus.

Relisez ou réécoutez – si les circonstances le permettent – et relevez les mots-clés, les mots pertinents, ceux qui entrent dans l'objectif de votre synthèse. Si vous n'avez l'information à votre disposition qu'une seule fois (cas d'une réunion avec un client par exemple), vous devez noter les mots-clés et les informations pertinentes dès la première délivrance de l'information. Ce qui signifie :

- Avoir clairement en mémoire, en note – et sous vos yeux – votre objectif, objet de la synthèse ;
-
- Observer et écouter attentivement, avec concentration, pour que votre cerveau droit englobe l'information en un ensemble cohérent.

Pour vous aider dans ce travail de défrichage de l'information, qui a pour but de récolter celle qui vous est la plus pertinente (compte tenu de votre but), ayez en tête – en mémoire – différents types de plan possibles. En effet, cela vous permettra de repérer le plan (ou au moins le chemin de pensée) suivi par l'information qui vous est délivrée et d'adapter ainsi l'un de vos plans en parallèle. Un peu comme un filtre de lecture, de tri de l'information qui va vous faciliter l'analyse de l'information et son traitement ultérieur.

Ceci dit, évitez de n'avoir qu'un seul plan à votre disposition, ce serait comme de n'avoir qu'un marteau pour tout équipement dans votre boîte à outils, censé servir pour tous vos travaux. Vous vous sentiriez un peu limité !

C. 3ème étape : votre cerveau gauche

Entrez dans le détail mais pas trop

Une fois que vous avez bien circonscrit votre objectif et appréhender globalement l'information, passez au travail d'analyse avec votre cerveau gauche, celui des concepts, des symboles et des mots.

Mais attention au temps imparti pour travailler votre synthèse, le cerveau gauche étant celui de l'analyse, vous risquez de vous noyer dans les détails, surtout si c'est votre penchant naturel !

Pour gagner du temps, pratiquez l'écrémage des informations. En effet, il est souvent inutile de rentrer dans les détails pour cerner la portée générale d'un message. Le travail préalable du cerveau droit, grâce à votre attention sélective, aura mis votre énergie psychique à votre service : vous aurez repéré les informations pertinentes relatives à votre but et à vos destinataires (d'où l'importance de l'avoir formulé clairement en amont de ce travail).

Ceci dit, votre objectif peut évoluer. L'essentiel est que vous ayez toujours cette cohérence entre votre objectif – votre point d'arrivée – et les informations relevées et synthétisées en cours de route.

Observez le contexte de l'information : titre, sous-titre, sources, auteur, idées émises, citations, points de vue, données chiffrées, références, tableaux…

Repérez aussi vos capteurs sensoriels (visuel, auditif, kinesthésique…) et sachez faire la distinction entre fait, opinion, sentiments, les vôtres et ceux de la source à synthétiser afin de vous éviter les distorsions de la pensée.

D. 4ème étape : votre cerveau droit

Utilisez le mind-mapping ou carte mentale

Une méthode intéressante pour booster votre créativité intellectuelle - et vous rassurer - est de passer par le *mind-mapping* ou carte mentale. Elle consiste à mettre à plat sur une grande feuille blanche (sans quadrillage, c'est encore mieux) toutes les informations que vous avez retenues / récoltées sur votre sujet. C'est une façon ludique de « cartographier » vos informations tel un pense-pas-bête.

Ces informations, apparemment disparates pour le cerveau gauche qui aime l'ordre et la linéarité, vont être réorganisées « spontanément » par votre cerveau droit en fonction de votre but.

Rappelez-vous que votre attention est sélective. Faites-vous confiance, votre cerveau est à votre service. Vous verrez ainsi apparaître votre plan synthétique avec évidence (plus vous aurez de plans à votre disposition, dans votre « banque de données » mémoire, plus cela vous sera facile).

Vous pouvez aussi utiliser le questionnement de Quintilien : C Q Q C O Q P (voir dans les BONUS ci-joints)

E. 5ème étape : méfiez-vous de vous-même !

Vos injonctions ou messages contraignants

Nous avons en nous, une, voire plusieurs petites voix intérieures. Certaines sont de bon conseil, certaines autres sont plutôt toxiques. Méfiez-vous de celles qui vous intiment l'ordre « d'être fort », « d'être parfait », « de travailler plus encore », etc. (mises au jour par les études de l'Analyse Transactionnelle d'Eric Berne). Ces messages contraignants nous poussent à agir contre notre bien-être et notre intérêt.

Ce sont souvent des messages reçus de nos parents ou éducateurs dans l'enfance, que nous avons intégrés comme « vrais » et qui finissent par faire partie de nous alors que ce ne sont que des croyances – souvent erronées – transmises par nos prédécesseurs en vertu de leurs propres croyances. Rendez à César ce qui appartient à César…

F. 6ème étape : lorsque le stress vous gagne

Lorsque le stress ou l'inquiétude vous gagnent, posez votre stylo ou levez vos doigts du clavier, et faites une « pause respiration » ou une « pause relaxation », ne serait-ce que trois minutes, le temps pour votre mental de reprendre la main sur votre cerveau reptilien afin de calmer votre stress et retrouver votre calme. (voir le BONUS sur la respiration complète ci-joint). Vous clarifiez ainsi vos idées en oxygénant votre cerveau. Vous verrez plus clair pour la suite de votre synthèse. Vous « reculez pour mieux sauter », vous êtes plus efficace.

G. 7ème étape : la synthèse

Vous avez défini votre objectif – vous savez pourquoi et pour qui vous faites cette synthèse – vous avez récolté l'information pertinente et l'avez ordonnée sous forme d'un plan, vous êtes maintenant prêt pour mettre l'ensemble en musique : fil conducteur pour « parler votre synthèse » à l'oral ou fiche synthétique pour l'écrit, selon différentes modalités.

Cette méthodologie est développée et expérimentée en formation présentielle grâce à des exercices et entraînements écrits et oraux.

A quoi pense une Professionnelle de la Formation en train d'animer ?

A vous de jouer !

Notez, commentez, approfondissez :

....
....
....
....
....
....
....
....
....
....
....
....
....
....
....
....
....
....

A quoi pense une Professionnelle de la Formation en train d'animer ?

BONUS 3 : Le questionnement de Quintilien : C Q Q C O Q P

Lisez à HAUTE VOIX !

(Moyen mnémotechnique pour vous en rappeler.)

C Q Q C O Q P

Les 7 questions, remises dans l'ordre, et toujours à se poser, quel que soit le contexte :

Q Q O Q C C P

Autrement dit :

Quoi ?

Qui ?

Où ?

Quand ?

Comment ?

Combien ?

Pourquoi ?

Je vous recommande de vous poser systématiquement ces sept questions à propos du sujet que vous voulez cerner. Ainsi, vous faites le tour de votre problématique et vous recueillez les informations s'y rapportant.

Cette trame ne constitue pas pour autant un plan.

Parfois, vous n'aurez pas de réponse à apporter à l'une des questions parce qu'elle n'est pas pertinente par rapport à votre sujet mais, au moins, vous serez sûr d'en avoir fait le tour.

Avec un moyen mnémotechnique, vous vous rappellerez plus facile ces questions incontournables : CQQCOQP

NB :
Ce questionnement peut facilement être associé à la carte mentale : vous notez ces questions sur votre feuille blanche en étoile autour de votre thématique (votre objectif) et vous laissez aller votre imagination et vos idées. Elles vont venir s'agglomérer aux branches de votre schéma. Ainsi, vous travaillez tantôt en mode gauche (CQQCOQP) qui organise l'information, tantôt en mode droit (*mind mapping*) qui suscite l'imagination.

La mise en application de cet outil très pratique est bien sûr exposée en formation présentielle, avec des exemples concrets tirés de vos situations, qu'elles soient professionnelles ou privées (à utiliser dans tous les contextes !)

A quoi pense une Professionnelle de la Formation en train d'animer ?

Pour votre culture générale :

Quintilien a vécu au 1er siècle après J.-C. C'était un célèbre avocat, professeur et précepteur des empereurs de l'Antiquité. Il a écrit de nombreux ouvrages de rhétorique qui nous sont parvenus.

Son questionnement type était le suivant :

Quid ? Quis ? Urbi ? Quando ? Quomodo ? Quibus auxiliis ? Cur ?
Quoi ? Qui ? Où ? Quand ? Comment ? (avec quels moyens ?) Combien ? Pourquoi ?

***In Wikipédia* :**

« Un vers prétendument attribué à Quintilien est resté célèbre : Quis, quid, ubi, quibus auxiliis, cur, quomodo, quando : « Qui, quoi, où, avec quels moyens, pourquoi, comment, quand ? » Ce principe, aussi appelé « QQOQCP » renferme ce qu'on appelle en rhétorique les circonstances : la personne, le fait, le lieu, les moyens, les motifs, la manière et le temps. Quintilien a en effet disserté sur ces loci argumentorum, mais ne les a jamais mis sous forme de questions. »

A quoi pense une Professionnelle de la Formation en train d'animer ?

A vous de jouer !

Notez, commentez, approfondissez :

…………………………………………………………………
…………………………………………………………………
…………………………………………………………………
…………………………………………………………………
…………………………………………………………………
…………………………………………………………………
…………………………………………………………………
…………………………………………………………………
…………………………………………………………………
…………………………………………………………………
…………………………………………………………………
…………………………………………………………………
…………………………………………………………………
…………………………………………………………………
…………………………………………………………………
…………………………………………………………………
…………………………………………………………………
…………………………………………………………………

BONUS 4 : Les quatre chemins de la pensée : Les quatre types de raisonnement

Il existe quatre grands chemins d'organisation de la pensée. Lorsque nous pensons et parlons, nous exposons notre point de vue, c'est alors que nous empruntons spontanément l'un de ces chemins.

Aussi lorsque vous entendez votre interlocuteur s'exprimer ou lorsque vous lisez une information, posez-vous la question : « Quel est le chemin de pensée de mon interlocuteur ? »

Ainsi, vous le suivrez mieux dans sa démonstration et dans ses buts (et aurez plus de facilité pour la synthèse ultérieure).

A. Le chemin linéaire ou chronologique

La personne qui emprunte ce type de raisonnement organise sa pensée de manière narrative ou descriptive. Les faits sont rapportés dans l'ordre chronologique les uns après les autres, dans leur ordre d'apparition et rappellent les phases successives d'un événement ou d'une situation.

Les mots de liaison caractéristiques sont : « tout d'abord… ensuite… enfin ; hier… aujourd'hui… demain ; avant…. maintenant…. Plus tard. »

Le plan linéaire

Le raisonnement, tout en restant linéaire, peut aussi partir du futur (résultats escomptés, hypothèses posées), aboutir dans le passé (origines des faits, historique d'une situation) en passant par le présent (faits actuels, constats) ou tout autre mode linéaire suivant :

Passé → présent → futur
Futur → présent → passé
Présent → passé → futur
Présent → futur → passé

Exemple :
Imaginez un exposé sur la culture d'entreprise selon l'approche linéaire :
- Son passé : son fondateur, ses success story,
- Son présent : les valeurs actuelles de l'entreprise (compte tenu de son passé),
- Son futur : où l'entreprise veut se rendre et pourquoi (compte tenu de son passé et de son présent).

B. Le chemin thématique ou par aspect

La personne qui élabore son écrit ou son oral selon ce raisonnement va procéder par thèmes ou par aspect : politique, économique, historique, commercial, financier, humain, psychologique, etc.

Tous les thèmes sont possibles. Ils sont un peu comme des tiroirs de commode dans lesquels sont rangées par catégorie les informations communes à un champ lexical.

Le plan par catégories

Le plan reprend l'organisation des informations par catégories. Il n'y a en général pas de structure à cette énumération thématique dans la mesure où les catégories sont alignées les unes après les autres, parfois dans un ordre croissant ou décroissant, parfois sans hiérarchie (et sans numérotation).

Exemple :

Imaginez le même thème de la culture d'entreprise selon l'approche thématique :
- son personnel : ses effectifs, son ancienneté, ses valeurs partagées
- ses clients : leurs provenances géographiques, chiffre d'affaires
- son histoire : faits marquants, success story

C. Le chemin binaire

La personne qui élabore une démonstration écrite ou orale selon une démarche binaire expose deux points opposés. Elle confronte la plupart du temps des points de vue divergents :

- C'est bien / c'est mal
- Avantages / inconvénients
- Avant / après
- Pour / contre
- Masculin / féminin
- Yin / yang
- Etc.

Le plan dialectique

Ce chemin est souvent emprunté dans les débats où deux interlocuteurs confrontent leurs opinions, comme dans une dialectique, d'où le nom donné au plan.

Exemple :

Imaginez un exposé sur la culture d'entreprise selon l'approche binaire :
- Les avantages de la culture d'entreprise / ses inconvénients actuels
- Être pour le développement de la culture d'entreprise / être contre

NB :
Vous remarquerez que, selon les situations, vous aurez spontanément un chemin de pensée plutôt qu'un autre. Et pour ce thème pris en exemple (la culture d'entreprise), ce mode de pensée binaire n'est pas très adapté.

D. Le chemin dit du « diagnostic médical »

C'est le chemin de pensée qu'emprunte le médecin lorsqu'il vous demande : « qu'est-ce qui vous amène dans mon cabinet ? »

Ce raisonnement est centré sur l'approfondissement d'une situation problématique dans l'idée de la résoudre. Il va plus loin que la présentation descriptive linéaire car il observe et décrit la situation, en dégage les causes, en déduit les conséquences et aboutit à des propositions de solutions.

On y retrouve la pensée inductive (partir du singulier vers le général) et déductive (partir du général vers le singulier).

Le plan Problème-Solution

Ce plan emprunte le raisonnement dit du « diagnostic médical » tel un raisonnement qui coule de source.

Exemple :

Imaginez un exposé sur ce qui constitue la culture d'entreprise selon l'approche diagnostic :

- Qu'est-ce qui ne va pas dans la culture d'entreprise : description du problème ;
- Observation des « symptômes » ;
- Comment sont-ils apparus, depuis combien de temps ?
- Eventail des solutions possibles ;
- Choix d'une solution.

Voici les quatre grands chemins principaux que la pensée emprunte lorsqu'elle raisonne. Il est judicieux pour vous de les connaître et de les repérer. Ce repérage vous permet de suivre le raisonnement emprunté par votre interlocuteur et vous indique plus ou moins déjà le plan pour votre synthèse ultérieure.

E. Exemple : problème de communication dans une entreprise

1. Problème envisagé selon l'approche linéaire

- Passé : quand ce problème est-il apparu ?
- Présent : comment se manifeste-t-il aujourd'hui ?
- Futur : quels sont les risques pour demain si rien n'est fait ?

Ou

- Présent : quel est le problème actuel ? Ses conséquences ?
- Passé : quelles en sont les sources ? Son origine ?
- Futur : les solutions possibles pour y remédier ?

Ou

- Présent : quel est le problème actuel ? Ses conséquences ?
- Futur : comment y remédier ? Les solutions possibles ?
- Passé : son origine ? Ses sources ?

2. Problème envisagé selon l'approche thématique

- Point de vue de la direction,
- Point de vue du personnel,
- Point de vue des clients,
- Point de vue des actionnaires.

Ou

Aspect financier,
Aspect humain,
Aspect commercial.

3. *Problème envisagé selon l'approche dialectique*

La solution X envisagée pour remédier à la situation :
- Les arguments Pour la solution X ;
- Les arguments Contre la solution X.

4. *Problème envisagé selon l'approche diagnostic*

- La situation problématique : symptômes, problèmes rencontrés ;
- Causes : a)… ; b)… ; c)… ;
- Conséquences : a)… b)… c)… ;
- Solutions A… ; B… ; C… ;
- Choix d'une solution ;
- Mode d'action ;
- Bilan.

NB : Ces modes de pensée sont rarement utilisés « purs », ils se retrouvent rarement en l'état. Ils sont souvent imbriqués les uns dans les autres.

Exemple :

Un mode thématique avec un mode linéaire :
- Aspect financier : passé, présent, futur ;
- Aspect humain : passé, présent, futur.

A quoi pense une Professionnelle de la Formation en train d'animer ?

A vous de jouer !

Notez, commentez, approfondissez :

……………………………………………………………………
……………………………………………………………………
……………………………………………………………………
……………………………………………………………………
……………………………………………………………………
……………………………………………………………………
……………………………………………………………………
……………………………………………………………………
……………………………………………………………………
……………………………………………………………………
……………………………………………………………………
……………………………………………………………………
……………………………………………………………………
……………………………………………………………………
……………………………………………………………………
……………………………………………………………………
……………………………………………………………………
……………………………………………………………………
……………………………………………………………………

BONUS 5 : La respiration complète – relaxation

Je vous invite à pratiquer la respiration abdominale, dite « respiration complète ».

Prenez quelques instants pour vous isoler dans un endroit calme où vous allez commencer de profondes inspirations.

Vous pouvez adopter soit la position assise, soit la position allongée.

A. Voici comment procéder

Si vous souhaitez la position assise

Installez-vous confortablement sur une chaise ou dans un fauteuil, en position détendue mais non avachie, les mains posées sur vos genoux, les jambes décroisées, pieds déchaussés si possible et posés à plat au sol, le dos droit mais non tendu.

Si vous préférez la position allongée

Allongez-vous confortablement sur une surface plane et relativement dure (moquette, tapis de yoga, serviettes éponges superposées ou couverture au sol par exemple) (évitez votre lit, votre corps sait que c'est un lieu pour dormir), détendez bien votre corps, jambes allongées, bras le long du corps, têtes dans le prolongement du corps (pas d'oreiller, à la rigueur une légère surélévation pour éviter que la tête ne parte en arrière), paumes vers le sol ou vers le ciel, les genoux légèrement relevés soutenus par un petit coussin pour décambrer le dos (les lombaires en bas du dos doivent toucher le sol) :

Vous allez respirer calmement sur le rythme 4 2 8 2

- ✤ **4** : inspirez par le nez en comptant jusqu'à quatre dans votre tête (« mille un, mille deux, mille trois, mille quatre ») ;
- ✤ **2** : bloquez votre respiration sur deux temps (ventre « rempli » d'air, comptez jusqu'à deux : « mille un, mille deux ») ;
- ✤ **8** : expirez par le nez sur huit temps (expirez toujours deux fois plus que vous n'inspirez pour bien vider votre cage thoracique et sortir l'air vicié de votre corps) ;
- ✤ **2** : bloquez votre ventre complètement vide d'air sur deux temps (en comptant jusqu'à deux : « mille un, mille deux »).

Vous venez de pratiquer une respiration complète.

A pratiquer cinq fois de suite !

Pratiquez des séquences consécutives de cinq inspiration-respiration tranquillement.

Respirez complètement cinq fois d'affilée et trois fois par jour au moins – fin de matinée, après-midi et soir (comme une prescription médicale à respecter à la lettre !) – vous verrez les effets bénéfiques s'installer : réduction du stress, idées plus claires, calme intérieur, etc.

Prenez votre temps pour sortir de cette respiration profonde : étirez vos membres un à un en gardant les yeux fermés. Baillez, respirez à votre convenance, reprenez le rythme naturel de votre corps, massez-vous les orbites des yeux avant de les ouvrir, puis reprenez contact avec la réalité tranquillement.

B. Quelques difficultés possibles

Si cela vous paraît trop dur

Réduisez le tempo à 3 1 6 1 : inspirez sur 3 temps, bloquez l'air dans le ventre et les poumons sur 1 temps, expirez sur 6 temps (expirez toujours le double de l'inspiration pour bien vider vos poumons) et bloquez à nouveau sur 1 temps.

Si votre respiration se bloque

Si vous vous sentez « coincé », si vous n'arrivez pas à respirer complètement, c'est parce que votre diaphragme - ce muscle sous vos côtes relié à votre colonne vertébrale dans le dos - s'est rigidifié avec le temps et a besoin de s'assouplir, comme un muscle qui n'aurait pas travaillé depuis longtemps. Vous finirez par y arriver à force de pratiquer cette respiration.

Si vous avez la tête qui tourne

C'est que vous êtes en hyperventilation – rien de grave - c'est votre cerveau qui reçoit un afflux d'oxygène auquel il n'est pas habitué. Reprenez votre respiration habituelle le temps que vous retrouviez vos esprits, puis reprenez cette respiration complète en limitant le tempo à 3 1 6 1, voire même 3 6 (inspiration sur 3 temps, expiration sur le double de temps, soit 6 temps en évitant les blocages du ventre, vide ou plein d'air).

C. L'un des effets bénéfiques que vous ignorez peut-être

Lorsque vous pratiquez cette respiration complète et de façon consciente, vous prenez le contrôle sur votre cerveau reptilien. En temps normal, c'est ce cerveau archaïque qui règle votre respiration sans que vous y pensiez. Et c'est aussi lui qui vous entraîne dans la peur et le stress lorsque les situations s'y prêtent. C'est pourquoi, lorsque vous décidez de pratiquer cette respiration profonde et consciente, vous prenez le contrôle de votre cerveau reptilien et vous gagnez en calme intérieur et en sérénité.

Rappelez-vous : tandis que vous lui impulsez une respiration calme, votre reptilien ne peut qu'obtempérer. C'est le seul moment où vous avez la maîtrise de votre reptilien, profitez-en ! Respirez profondément !

D. Astuce pour aller jusqu'au bout de votre détente

Enregistrez les consignes (dictaphone, téléphone portable…) en les lisant d'une voix tranquille - voire atone - et écoutez-les ensuite pour pratiquer les yeux fermés. Vous n'avez plus besoin de lire et vous pouvez vous détendre vraiment en suivant les consignes de votre voix les yeux fermés, concentré sur votre corps.

A quoi pense une Professionnelle de la Formation en train d'animer ?

A vous de jouer !

Notez, commentez, approfondissez :

……………………………………………………………………
……………………………………………………………………
……………………………………………………………………
……………………………………………………………………
……………………………………………………………………
……………………………………………………………………
……………………………………………………………………
……………………………………………………………………
……………………………………………………………………
……………………………………………………………………
……………………………………………………………………
……………………………………………………………………
……………………………………………………………………
……………………………………………………………………
……………………………………………………………………
……………………………………………………………………
……………………………………………………………………
……………………………………………………………………
……………………………………………………………………

BONUS 6 : Les 4 phases de l'apprentissage

Pour connaître les quatre phases de l'apprentissage et repérer celle dans laquelle vous êtes, je vous invite à lire l'article que j'ai écrit à ce propos sur : www.etreproactif.com

Texte du site / blog : « La vraie vie proactive : iI y a loin de la coupe aux lèvres »

Vous saurez ainsi qu'il existe quatre phases pour intégrer une nouvelle (bonne) habitude et que repérer celle dans laquelle vous êtes vous permet de conserver votre motivation.

BONUS 6bis : Pourquoi rester motivé au moins 21 jours d'affilée

Ce texte vous explique tout l'intérêt de rester vigilant au moins pendant 21 jours (3 semaines) pour conserver votre motivation. Autrement dit : méfiez-vous de vous-même !

Voir l'article sur le site / blog : www.etreproactif.com

Texte « Pourquoi notre motivation ne dure jamais plus de trois semaines (si nous n'y prenons garde) »

A quoi pense une Professionnelle de la Formation en train d'animer ?

A vous de jouer !

Notez, commentez, approfondissez :

………………………………………………………………………
………………………………………………………………………
………………………………………………………………………
………………………………………………………………………
………………………………………………………………………
………………………………………………………………………
………………………………………………………………………
………………………………………………………………………
………………………………………………………………………
………………………………………………………………………
………………………………………………………………………
………………………………………………………………………
………………………………………………………………………
………………………………………………………………………
………………………………………………………………………
………………………………………………………………………
………………………………………………………………………
………………………………………………………………………

BONUS 7 : battre en brèche quelques idées reçues à propos du plan

Nous avons quelques difficultés à faire un plan parce que nous sommes souvent mal - ou trop peu - entraînés à le faire. (Nous avons surtout été entraînés à faire le fameux plan « thèse, antithèse, synthèse » tout au long de notre scolarité.)

A. Les idées fausses à propos du plan

- L'idée qu'il existerait un « bon ordre » dans la disposition de l'information dans l'absolu ;

- L'idée qu'il existe un nombre de parties qu'il faudrait avoir impérativement dans son plan (2, 3 ou 4 parties ?) ;

- L'idée qu'il faudrait déjà trouver le plan définitif sans passer par un ou plusieurs plans provisoires ;

- L'idée qu'il faut rédiger dans l'ordre définitif dès que vous travaillez en amont de votre synthèse, l'introduction en tête ;

- L'idée qu'il faut forcément faire des parties d'égale longueur en vertu du principe de symétrie ;

- Et toutes autres croyances qui vous bloquent…

Un plan n'est pas un placage d'informations ni une commode à tiroir où l'information est « bien rangée ».

Le plan est le vecteur de communication de votre synthèse. Il ordonne l'information et cet ordre est fonction d'un but, qui peut varier au cours de son élaboration. Votre plan est un itinéraire qui indique le chemin à suivre par vos destinataires (auditeurs ou lecteurs) et leur montre votre but : ils doivent repérer rapidement où vous voulez en venir.

B. Il existe quantité de principes d'ordres pour organiser l'information

Il n'est pas encore question de rédiger un plan à ce stade. Ces principes d'ordre indiquent des sortes de tiroirs possibles pour ranger l'information.

1. Les ordres « matériels » (linéaire)

L'ordre alphabétique : le plus artificiel de tous (pratique pour un classement).

L'ordre chronologique : dans l'ordre exact où les choses se sont passées, souvent employé à tort dans une synthèse !

L'ordre spatial : description d'objets du plus près au plus loin ou l'inverse, de gauche à droite ou inversement, de haut en bas ou de bas en haut, se placer du point de vue de l'auteur ou de celui du lecteur ou auditeur.

2. Les ordres psychologiques

L'ordre de familiarité : partir de l'information la plus connue à la moins connue ou l'inverse.

L'ordre d'intérêt : partir du plus intéressant pour le lecteur au moins intéressant ou l'inverse.

L'ordre d'importance (ou de valeur).

3. Les ordres philosophiques

L'ordre inductif : partir des faits particuliers et aboutir aux idées les plus générales, aller des exemples aux principes communs, généraliser des observations.

L'ordre déductif : aller des idées aux faits, des principes à leur application.

L'ordre polémique : partir de plusieurs thèses déjà existantes sur un sujet et les critiquer successivement.

L'ordre énumératif : celui qui se fonde sur l'absence d'ordre, énumération sans logique.

Tous ces ordres peuvent être repris dans l'ordre inverse

Bien souvent, les plans sont la simple réplique de ces ordres. Or, rappelez-vous, la synthèse est un travail intellectuel de « digestion » de l'information que vous faites pour le compte de votre destinataire. Vous, qui rédigez la synthèse, faites le travail de traitement de l'information dans son intérêt (même si vous négociez votre but, vous devez lui montrer son intérêt - car « pas d'objectif pas d'action »).

Donc si vous voulez que votre synthèse serve votre but – quel qu'il soit – votre interlocuteur doit y voir son propre intérêt (d'où l'importance de bien cerner en amont – avant toute analyse de l'information – votre objectif, lequel objectif doit rejoindre l'intérêt de votre destinataire). Et d'où aussi l'intérêt de lui présenter un plan synthétique qui réponde à votre / son objectif. (Idéalement, les deux convergent)

NB :
Je ne vous expose pas d'exemples de plans ici par manque de place (et ce n'est pas mon objectif). En revanche, dans le cadre d'une formation, avec du temps devant soi et des objectifs de formation, plusieurs plans sont étudiés, explicités et utilisés compte tenu de vos objectifs professionnels ou personnels objets de vos synthèses.

A quoi pense une Professionnelle de la Formation en train d'animer ?

A vous de jouer !

Notez, commentez, approfondissez :

....
....
....
....
....
....
....
....
....
....
....
....
....
....
....
....
....
....
....

BONUS 8 : quelques conseils pour votre synthèse orale

A. Les critères de toute prise de parole en public

Votre synthèse présentée oralement, pour être efficace et atteindre son but, doit répondre aux critères de toute bonne prise de parole en public.

Sur une communication orale de 100% d'information, 7% seulement passent par les mots, 38% par votre manière dont vous les exprimez et 55% par votre expression corporelle. (selon les recherches d'Albert Mehrabian)

Aussi devez-vous veiller notamment à :

1. *Votre voix*

Parlez lentement et clairement. Synthétiser ne veut pas dire parler vite.

Mettez l'accent sur la fin des phrases pour soutenir l'attention.

Réduisez votre débit de parole d'environ un tiers par rapport à la conversation courante, vous gagnerez en compréhension et vous aurez le temps de respirer.

Votre voix est portée par l'expiration de votre souffle, qui dépend de votre inspiration, alors veillez à respirer calmement et posément pendant que vous parlez.

2. *Votre langage*

Votre style impacte la communication, c'est vous et votre personnalité qui transparaissez.

Parlez avec des phrases courtes, affirmatives, voire positives (formulez des phrases affirmatives même pour annoncer du négatif), rédigées à la voix active et au présent de l'indicatif (temps de l'action).

Utilisez des mots concrets, visuels (qui donnent à voir).

Gardez toujours en mémoire votre objectif.

3. *Votre communication non verbale*

Votre communication non verbale concerne votre gestuelle (gestes ouverts ou fermés, de conviction, de régulation relationnelle), le positionnement de vos mains, de vos bras, de vos jambes ; votre posture corporelle dans l'espace ; votre regard, votre sourire, votre habillement, etc.

Rappelez-vous : « On ne peut pas ne pas communiquer. » Toute votre personne communique, quoi que vous fassiez ou ne fassiez pas (même quand vous ne bougez pas, vous communiquez). Alors veillez à communiquer en cohérence avec ce que vous voulez transmettre.

B. Votre charisme

L'orateur charismatique est celui qui fait partager son enthousiasme, ses valeurs et donne du sens. Il ne se limite pas à un discours technocratique, il utilise les différents registres de l'argumentation :

- La pensée : la logique, les concepts, le raisonnement (cerveau gauche) ;
- L'émotion : l'imagination, les visions (cerveau droit) ;
- L'action : les faits, les résultats, le vécu (approche globale, concrète).

Votre charisme résulte aussi de la cohérence entre votre message, vos attitudes et vos valeurs. Vous devez penser ce que vous dites et le dire avec conviction. Pour ce faire, avoir :

- Un objectif clair ;
- La volonté de le partager ;
- La confiance en soi ;
- Le savoir-faire en communication interpersonnelle.

A quoi pense une Professionnelle de la Formation en train d'animer ?

A vous de jouer !

Notez, commentez, approfondissez :

....
....
....
....
....
....
....
....
....
....
....
....
....
....
....
....
....
....

BONUS 9 : Bibliographie

Une tête bien faite, exploitez vos ressources intellectuelles, Tony BUZAN Editions d'Organisation (1ère édition 1974)

Mind map, dessine-moi l'intelligence, Tony et Barry BUZAN, Editions d'Organisation (1ère édition 1993)

De nombreux (autres) auteurs exposent chacun l'un des aspects de la synthèse (Ecrits professionnels, Prendre la parole en public, Rédiger ses écrits, etc.). A chercher sur Internet en fonction de la partie de la synthèse que vous voulez approfondir.

NB :
Des auteurs comme Louis TIMBAL-DUCLAUX (auteur de la méthode SPRI dans les années 1960 notamment) sont aussi à considérer. J'ai constaté que de nombreux auteurs actuels s'inspirent souvent d'ouvrages plus anciens. Retourner à la source est parfois un gain de temps même si, personnellement, je me méfie des ouvrages « qui datent ».

En cours de stage, en fonction des thématiques abordées et des questions soulevées, je délivre des titres d'ouvrages au fur et à mesure des demandes, permettant d'approfondir le sujet et / ou de poursuivre ultérieurement son apprentissage en autonomie.

Voir page 47 : « Pour aller plus loin »

A quoi pense une Professionnelle de la Formation en train d'animer ?

A vous de jouer !

Notez, commentez, approfondissez :

....
....
....
....
....
....
....
....
....
....
....
....
....
....
....
....
....
....
....
....

A quoi pense une Professionnelle de la Formation en train d'animer ?

A vous de jouer !

Notez, commentez, approfondissez :

…………………………………………………………………………
…………………………………………………………………………
…………………………………………………………………………
…………………………………………………………………………
…………………………………………………………………………
…………………………………………………………………………
…………………………………………………………………………
…………………………………………………………………………
…………………………………………………………………………
…………………………………………………………………………
…………………………………………………………………………
…………………………………………………………………………
…………………………………………………………………………
…………………………………………………………………………
…………………………………………………………………………
…………………………………………………………………………
…………………………………………………………………………
…………………………………………………………………………

A propos de l'auteure

Nathalie Decottégnie est Consultante-Formatrice depuis 1998. Elle est titulaire de plusieurs diplômes, tant en Psychologie qu'en Gestion d'Entreprise. Elle a exercé plusieurs métiers avant de créer son Organisme de formation en 2003.

Depuis quelques années, elle s'est spécialisée dans les Savoir être et Savoir-faire proactifs : elle est l'Experte ès Proactivité dans le monde francophone et anime son site / blog www.etreproactif.com.

Sa recherche constante et passionnée pour le fonctionnement de l'Être humain l'a incitée à suivre de nombreux stages en Développement Personnel : Analyse Transactionnelle (AT), Programmation NeuroLinguistique (PNL), Communication Non Violente (CNV), etc. qui lui sont autant d'outils à transmettre.

Nathalie Decottégnie est une pédagogue passionnée qui transmet surtout une autre façon de Penser et d'Agir Juste. Elle est une « idéaliste pragmatique » qui propose ses compétences et talents sous forme de Séminaire, Conférence, Formation, Stage, Accompagnement personnalisé.

Lorsqu'elle ne prend pas la parole en public, elle écrit. En plus des articles publiés régulièrement sur son blog www.etreproactif.com, elle a publié son premier roman chez amazon : *toi ou la vraie vie*.

Originaire de Paris, elle vit en Alsace proche de Strasbourg.

www.ingramcontent.com/pod-product-compliance
Lightning Source LLC
Chambersburg PA
CBHW051730170526
45167CB00002B/870